쑥쑥! 머리에 들어오는 한자, 척척! 붙는 한자능력검정시험!

재미있는 원리로 배우는
한자능력검정시험

8.7급

이수철 편저

정진출판사

이 책의 특징과 활용법

우리는 지금 21세기의 급변하는 글로벌시대를 살고 있습니다. 특히 한반도가 자리한 동아시아에서 한자는 역사나 문화의 영역을 넘어서 정치·경제사회, 그리고 최첨단 정보사회로까지 그 영향력을 확장하고 있습니다. 많은 부분이 한자로 기록되어 있는 우리의 역사를 알기 위해 우리는 한자를 배워야 합니다. 거기에 더해 급속히 세계의 중심이 되어가고 있는 한자문화권의 주역이 되기 위해서도 우리는 결코 한자를 외면할 수 없습니다.

이제 우리에게 한자는 더 이상 선택과목이 아닙니다. 그런데 우리의 현실은 어떠한가요? 고등학교를 졸업하고도 자기 이름자나, 어머니 아버지의 성함조차 한자로 쓰지 못하는 사람들이 많습니다. 우리의 이 부끄러운 신문맹(新文盲)의 정도는 진정 우려할 만한 사태입니다.

신문맹을 떨치고 일어나 글로벌 경쟁력을 다지기 위한 한자의 필요성은 미래를 살아갈 젊은 세대들이라면 누구나 인정하는 터. 더구나 한자를 알면 중국어나 일본어도 70% 이상 습득한 셈이라는 말도 있지 않은가요? 그렇지만 숨 가쁜 현대를 살아가는 우리에게 옛날 서당식으로 무조건 외우는 한자 습득방식은 적합하지 않습니다.

먼저 인간의 두뇌 구조부터 살펴봅시다. 우리의 두뇌는 좌뇌와 우뇌로 되어 있습니다. 문자나 언어는 좌뇌가, 그림이나 음악은 우뇌가 맡습니다. 부수나 획이 복잡한 한자는 물론 좌뇌가 담당하는 영역입니다.

한자는 영어 알파벳이나 일본어의 가나 등과는 달리 그림문자입니다. **문자를 그림으로 인식하는 방법을 익혀 우뇌도 함께 학습에 도움이 되도록 한다면 보다 쉽게, 그리고 재미있게 한자를 익힐 수 있습니다.**

뜻글자인 한자를 도움말을 이용해 어원으로 접근하고 그림으로 이해하도록 꾸며진 이 책의 특징은 다음과 같습니다.

컴퓨터로 분석한 출제빈도 높은 활용어 정리

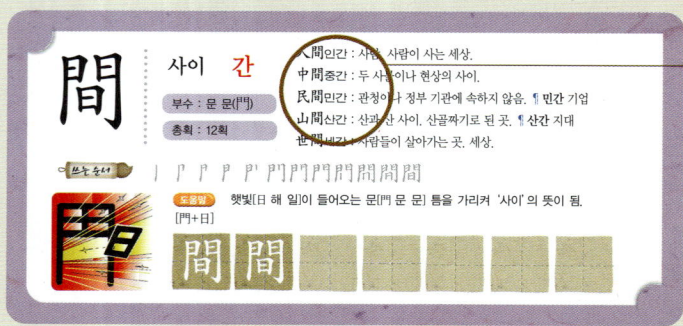

그동안 출제되었던 용례들을 컴퓨터로 철저히 분석하여 가장 빈도수 높은 활용어를 중복 없이 풀이와 함께 수록하였다.

♪ 한눈에 들어오는 짜임새 있는 편집 체재

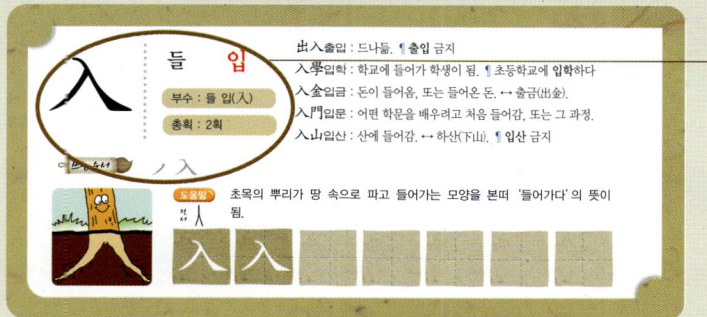

각 한자에 대한 음훈·부수·총획수·필순 등을 한눈에 알아볼 수 있도록 짜임새 있게 정리하였다.

♪ 재미있는 한자의 구성 원리를 그림과 함께 해설

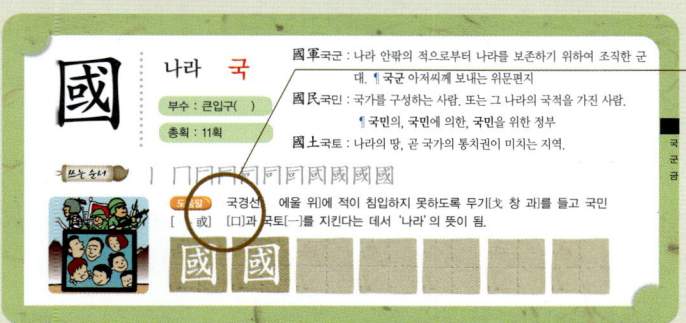

뜻글자인 한자를 도움말을 이용해 어원으로 접근하고 그림으로 이해하도록 하여 한자를 보다 쉽게, 그리고 재미있게 익힐 수 있도록 하였다.

♪ 한자를 쓰면서 익힐 수 있도록 연습란 구성

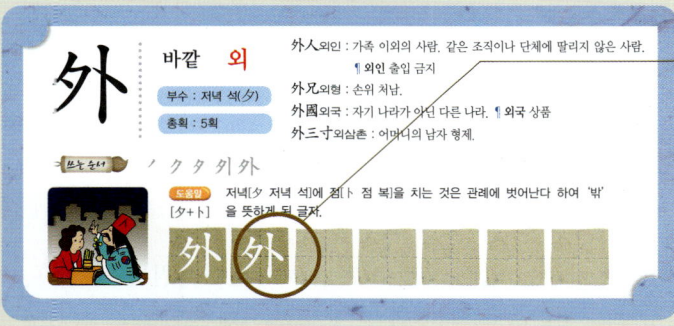

한자를 익히기 위한 가장 좋은 방법은 눈으로 많이 보고 또 자주 써 보는 것이다. 원리와 함께 배운 한자를 완전히 익힐 수 있도록 연습란을 구성하였다.

♪ 기출 및 예상문제 5회분 수록

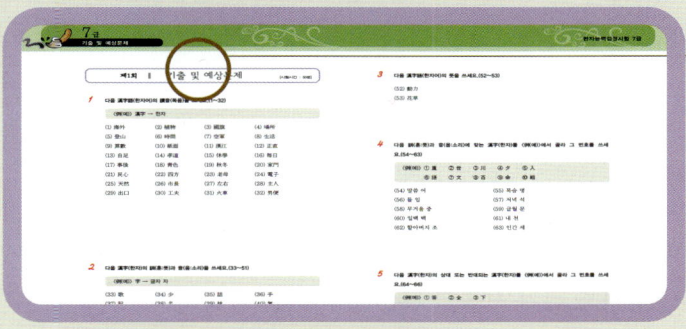

그동안 출제되었던 문제들을 철저히 분석하여 시험에 완벽하게 대비할 수 있도록 출제 예상 가능한 문제를 5회분 수록하였다.

한자능력검정시험 안내

 한자능력검정시험이란?

한자능력검정시험이란 사단법인 한국어문회가 주관하고 한국한자능력검정회에서 시행하는 제도로서, 학생과 일반인들의 진학과 취업에 대비하여 평생학습의 하나로 익힌 한자능력을 객관적으로 평가, 인정받을 수 있는 길을 마련하여, 공공기관이나 기업체의 채용시험, 인사고과, 대입 수시모집 또는 각종 자격시험 등에 활용할 수 있게 하는 시험입니다.

 한자능력검정시험 안내

주 관 : 사단법인 韓國語文會(한국어문회 ; 서울특별시 서초구 서초1동 1627-1 교대벤처타워 501호, ☎ 02-6003-1400, 팩스 02-6003-1441)

시 행 : 韓國漢字能力檢定會(한국한자능력검정회)

시험일정 : 연 3회
○교육급수는 4급~8급, 공인급수는 1급~3급II.

응시 자격
○1급~8급 → 전 급수 응시 제한 없음. 각자 능력에 맞게 급수를 선택하여 응시.

접수방법
- **인터넷 접수(www.hangum.re.kr)** → 사전에 인터넷 접수 회원으로 신규지원 등록한 후, 인터넷 접수 기간 중 지원 급수와 고사장을 선택하고, 신용카드 및 계좌이체 방식으로 결제하고 수험표를 출력함.
- **접수처 방문 접수** → 준비물 : 반명함판 사진 3매(3×4cm), 한자 성명, 주민등록번호, 전화번호, 우편번호, 정확한 급수증 수령 주소(잘못 기재 시 급수증이 반송됨), 응시료(현금).
- **우편 접수**(1급 지원자만 가능) → 접수처 방문 접수 준비물, 검정료 우편환 영수증을 동봉하고, 희망 1급 고사장을 명기하여 등기우편으로 발송. 주소 : (137-879)서울특별시 서초구 서초1동 1627-1 교대벤처타워 401호 한국한자능력검정회 1급 접수담당자

시험 준비물 : 신분증(중·고생은 학생증 지참, 초등학생·미취학아동은 건강보험증 또는 주민등록등본 지참), 수험표, 검정색 필기구(볼펜 또는 플러스펜)
※연필과 빨간색 펜은 절대 사용 못함.

시험 응시료

구 분	1급	2급, 3급, 3급Ⅱ	4급, 4급Ⅱ, 5급, 6급	6급Ⅱ, 7급, 8급
응시료	35,000	18,000	13,000	12,000
인터넷 접수 응시료	36,800	19,300	14,100	13,000

○ 창구 접수 응시료는 원서 접수일부터 마감시까지 해당 접수처 창구에서 받음. 인터넷 접수 응시료는 기본 응시료에 1급은 1,800원, 2급~3급Ⅱ은 1,300원, 4급~6급은 1,100원, 6급~8급은 1,000원의 접수 수수료가 추가됨.

급수 배정

급수	읽기	쓰기	수준 및 특성
8급	50자	없음	미취학생 또는 초등학생의 학습동기 부여를 위한 급수
7급	150자	없음	한자 공부를 처음 시작하는 분을 위한 초급단계
6급Ⅱ	300자	50자	한자 쓰기를 시작하는 첫 급수
6급	300자	150자	기초 한자 쓰기를 시작하는 급수
5급	500자	300자	학습용 한자쓰기를 시작하는 급수
4급Ⅱ	750자	400자	5급과 4급의 격차를 해소하기 위한 급수
4급	1,000자	500자	초급에서 중급으로 올라가는 급수
3급Ⅱ	1,500자	750자	4급과 3급의 격차를 해소하기 위한 급수
3급	1,817자	1,000자	신문 또는 일반 교양서를 읽을 수 있는 수준
2급	2,355자	1,817자	일상 한자어를 구사할 수 있는 수준
1급	3,500자	2,005자	국한 혼용 고전을 불편없이 읽고, 공부할 수 있는 수준

○ 상위급수 한자는 하위급수 한자를 모두 포함.

합격 기준

구 분	1급	2급	3급	3급Ⅱ	4급	4급Ⅱ	5급	6급	6급Ⅱ	7급	8급
출제문항수	200	150	150	150	100	100	100	90	80	70	50
합격문항수	160	105	105	105	70	70	70	63	56	49	35

○ 1급은 출제 문항수의 80% 이상, 2급~8급은 70% 이상 득점하면 합격.

시험 시간

구 분	1급	2급	3급	3급Ⅱ	4급	4급Ⅱ	5급	6급	6급Ⅱ	7급	8급
시험 시간	90분	60분			50분						

출제 유형

쓰기 배정한자는 한두 급수 아래의 읽기 배정한자이거나 그 범위 내에 있습니다. 아래의 출제 유형 표는 기본 지침자료로서, 출제자의 의도에 따라 차이가 있을 수 있습니다.

구 분	1급	2급	3급	3급Ⅱ	4급	4급Ⅱ	5급	6급	6급Ⅱ	7급	8급
읽기배정한자	3,500	2,355	1,817	1,500	1,000	750	500	300	300	150	50
쓰기배정한자	2,005	1,817	1,000	750	500	400	300	150	50	0	0
독 음	50	45	45	45	30	35	35	33	32	32	24
훈 음	32	27	27	27	22	22	23	22	29	30	24
장단음	10	5	5	5	5	0	0	0	0	0	0
반의어	10	10	10	10	3	3	3	3	2	2	0
완성형	15	10	10	10	5	5	4	3	3	2	0
부 수	10	5	5	5	3	3	0	0	0	0	0
동의어	10	5	5	5	3	3	3	2	0	0	0
동음이의어	10	5	5	5	3	3	3	2	0	0	0
뜻풀이	10	5	5	5	3	3	3	2	2	2	0
필 순	0	0	0	0	0	0	3	3	3	2	2
약 자	3	3	3	3	3	3	3	0	0	0	0
한자쓰기	40	30	30	30	20	20	20	20	10	0	0
출제문항(계)	200	150	150	150	100	100	100	90	80	70	50

출제 예시

독 음 (讀音)
▶ 다음 漢字語의 讀音을 쓰시오.
• 韓國(　　　)
[한자의 소리를 묻는 문제. 독음은 두음법칙, 속음 현상, 장단음과도 관련이 있음.]

훈 음 (訓音)
▶ 다음 漢字의 訓과 音을 쓰시오.
• 韓(　　　)
[한자의 뜻과 소리를 동시에 묻는 문제. 특히 대표 훈음을 익히도록 함.]

장단음 (長短音)
▶ 다음 漢字語 중 첫소리가 長音인 것을 골라 그 기호를 쓰시오.
▶ 위 글의 밑줄 친 漢字語 중에서 첫소리가 長音인 것을 골라 그 번호를 쓰시오.
[한자 단어의 첫소리 발음이 길고 짧음을 구분하고 있는가를 묻는 문제. 4급 이상에서만 출제.]

반의어 (反義語)
상대어 (相對語)
▶ 다음 漢字와 뜻이 反對 또는 相對되는 漢字를 써넣어 漢字語를 만드시오.
• 內(　)
▶ 다음 漢字語의 反義語 또는 相對語를 漢字로 쓰시오.
• 原因(　　　)
[어떤 글자(단어)와 반대 또는 상대되는 글자(단어)를 알고 있는가를 묻는 문제.]

| 완성형
(完成型) | ▶다음 빈칸에 漢字를 써넣어 成語를 完成하시오.
• 事必(　)正
[고사성어나 단어의 빈칸을 채우도록 하여 단어와 성어의 이해력 및 조어력을 묻는 문제.] |

| 부　수
(部首) | ▶다음 漢字의 部首를 쓰시오.
• 韓(　)
[한자의 부수를 묻는 문제. 부수는 한자의 뜻을 짐작할 수 있는 중요한 부분임. 4급Ⅱ 이상에서만 출제.] |

| 동의어
(同義語)
유의어
(類義語) | ▶다음 漢字와 뜻이 비슷한 글자를 漢字로 적어 單語를 完成하시오.
• 音(　)
▶다음 漢字語의 類義語를 漢字로 쓰시오.
• 年歲(　)
[어떤 글자(단어)와 뜻이 같거나 유사한 글자(단어)를 알고 있는가를 묻는 문제.] |

| 동음이의어
(同音異義語) | ▶다음 漢字語의 同音異義語를 하나씩만 漢字로 쓰시오.
• 空中 — (　)
[소리는 같고, 뜻은 다른 단어를 알고 있는가를 묻는 문제.] |

| 뜻풀이 | ▶다음 漢字語의 뜻을 쓰시오.
• 內外 — (　)
[고사성어나 단어의 뜻을 제대로 알고 있는가를 묻는 문제.] |

| 필　순
(筆順) | ▶父자의 삐침(丿)은 몇 번째에 쓰는지 번호로 답하시오.
▶右자의 쓰는 순서가 올바른 것을 고르시오.
▶右자에서 ㉠획의 쓰는 순서를 아래에서 골라 번호를 쓰세요.
• 右
[글자를 바르게 쓰도록 하기 위해 쓰는 순서를 알고 있는가를 묻는 문제. 5급 이하에서만 출제.] |

| 약　자
(略字) | ▶다음 漢字의 略字를 쓰시오.
• 國(　)
[한자의 획을 줄여서 만든 약자를 알고 있는가를 묻는 문제. 5급 이상에서만 출제.] |

| 한자쓰기 | ▶다음 訓과 音을 지닌 漢字를 쓰시오.
• 나라 한(　)
▶다음 뜻에 알맞은 漢字語를 漢字로 쓰시오.
• 가정 : 한 가족이 살림하고 있는 집.(　)
▶밑줄 친 漢字語를 漢字로 쓰시오.
• 한국은 아름다운 나라이다.(　)
[제시된 뜻, 소리, 단어 등에 해당하는 한자를 쓸 수 있는가를 확인하는 문제.] |

☞ 위 출제 예시는 상황에 따라 약간 변동될 수도 있음.

우대 사항

- 자격기본법 제27조에 의거 **국가자격 취득자와 동등한 대우 및 혜택**
- 교육인적자원부 훈령 제616호『학생생활기록부 전산처리 및 관리지침』에 의거 **학교생활기록부에 등재, 입시에 활용**
- 육군간부 **승진 고과에 반영**(부사관 5급, 위관장교 4급, 영관장교 3급 이상)
- 경제5단체, **신입사원 채용 때 전국한자능력검정시험 응시 권고**(3급 응시 요건, 3급 이상 가산점)
- 2005학년도 대학수학능력시험부터 '漢文'이 선택과목으로 채택
- 전국한자능력검정시험의 한자능력급수 취득 시 **대입 면접 가산점, 학점, 졸업인증에 반영**

 합격자 발표

ARS 060-800-1100 / www.hangum.re.kr

 기타 문의

한국한자능력검정회
☎ 02)1566-1400(代), 팩스 02)6003-1414
인터넷 http://www.hanja.re.kr
주소 : (137-879) 서울특별시 서초구 서초1동 1627-1 교대벤처타워 401호

재미있는 원리로 배우는 한자능력검정시험

8급

敎

가르칠 교

- 부수 : 둥글월문(攵)
- 총획 : 11획

敎室교실 : 학교에서 주로 수업에 쓰는 방. ¶2학년 3반 **교실**
敎生교생 : '교육 실습생'을 줄여 이르는 말.
敎學교학 : 가르치는 일과 배우는 일.
敎人교인 : 교(敎)를 믿는 사람.

쓰는 순서 ノ 㐅 ㄠ 夯 孝 夯 耂 耂 耂 敎 敎

도움말 손에 회초리를 들고 자식을 쳐서[攵=攴 칠 복] 좋은 일을 본받도록 인도하고[爻 인도할 교] 훈계한다 하여 '가르친다'의 뜻이 됨.
[爻 + 攵]

 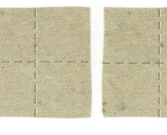   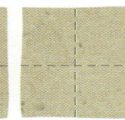

校

학교 교

- 부수 : 나무 목(木)
- 총획 : 10획

校長교장 : 대학이나 학원을 제외한 각급 학교의 으뜸 직위. 또는 그 직위에 있는 사람. ¶초등학교 **교장**
校門교문 : 학교의 정문. ¶수업이 끝나자 아이들이 **교문**으로 우르르 나왔다
母校모교 : 자기가 졸업한 학교. ¶**모교**의 은사

쓰는 순서 一 十 才 オ 木 木' 杧 杧 柼 校

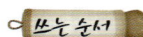

도움말 구부러진 나무[木 나무 목]를 엇걸어[交 엇걸 교] 매어 바로잡는다는 데서 '학교', '바로잡다'의 뜻이 됨.
[木+交]

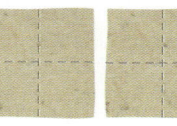   

九

아홉 구

- 부수 : 새 을(乙)
- 총획 : 2획

九月구월 : 한 해의 아홉째 달.
九日구일 : 그 달의 아홉째 날. 초아흐렛날.

쓰는 순서 ノ 九

도움말 열[十 열 십]에서 가로획을 구부려 하나[一 한 일] 적은 아홉을 가리킴.

    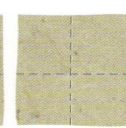

國

나라 **국**

부수 : 큰입구(口)

총획 : 11획

國軍국군 : 나라 안팎의 적으로부터 나라를 보존하기 위하여 조직한 군대. ¶**국군** 아저씨께 보내는 위문편지

國民국민 : 국가를 구성하는 사람. 또는 그 나라의 국적을 가진 사람. ¶**국민**의, **국민**에 의한, **국민**을 위한 정부

國土국토 : 나라의 땅, 곧 국가의 통치권이 미치는 지역.

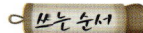 丨冂冂冂冃冃冋囶國國國

도움말 [口+或] 국경선[口 에울 위]에 적이 침입하지 못하도록 무기[戈 창 과]를 들고 국민 [口]과 국토[一]를 지킨다는 데서 '나라'의 뜻이 됨.

  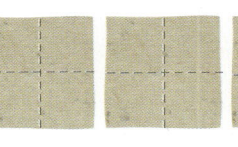 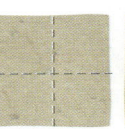 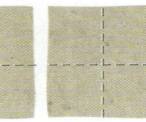

軍

군사 **군**

부수 : 수레 거(車)

총획 : 9획

女軍여군 : 여자 군인. 여자로 조직된 군대.

水軍수군 : 조선 시대에, 배를 타고 바다에서 싸우던 군대.

軍人군인 : 군대에 복무하는 사람. ¶자랑스러운 대한민국 **군인**

軍中군중 : 군대의 안.

三軍삼군 : 육군·해군·공군으로 이루어진 군 체제.

丨冖冖冖冃冃冒宣軍

도움말 [冖+車] 전차[車 수레 거]의 주위를 둘러싸고[冖←勹 쌀 포] 진군하는 '군사'라는 뜻.

 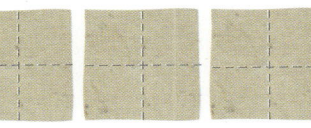 

金

쇠 **금**/성 **김**

부수 : 쇠 금(金)

총획 : 8획

萬金만금 : 매우 많은 돈. ¶**만금**을 준다 해도 하지 않겠다

一金일금 : 돈의 액수를 쓸 때 그 앞에 '돈'이란 뜻으로 쓰는 말. ¶**일금** 만 원정.

丿人𠆢亼今余金金

도움말 [亼+土+丷] 오랜 세월에 걸쳐 지금[亼←今 이제 금]에 이르기까지 흙[土 흙 토]에 덮여 있는 광석[丷]의 하나인 '금'을 뜻함.

      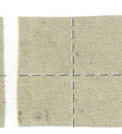

南

남녘 남

부수 : 열 십(十)

총획 : 9획

南山남산 : 남쪽에 있는 산. 서울특별시 중구와 용산구 사이에 있는 산.
南大門남대문 : 서울에 있는 '숭례문(崇禮門)'의 다른 이름.
南東남동 : 남쪽과 동쪽의 사이인 방향. 동남. ¶**남동** 해안
南韓남한 : 중부 이남의 한국. ↔ 북한(北韓).

쓰는 순서 一 十 十 冇 冇 남 南 南 南

도움말 초목은 남쪽으로 갈수록[羊 점점심해질 임] 그 가지가 점점 무성해진다는
[冇+羊] [冇←业 무성할 발] 에서 '남녘'의 뜻이 됨.

女

계집 녀

부수 : 계집 녀(女)

총획 : 3획

女王여왕 : 여자 임금. ¶엘리자베스 영국 **여왕**
女學生여학생 : 여학교의 학생. ↔ 남학생(男學生).
女人여인 : 어른이 된 여자. ¶중년 **여인**

쓰는 순서 〈 夂 女

도움말 무릎을 꿇고 그 위에 손을 얹고 앉아 있는 여자의 모습.

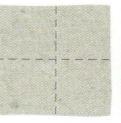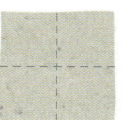

年

해 년

부수 : 방패 간(干)

총획 : 6획

年金연금 : 국가나 사회에 특별한 공로가 있거나 일정 기간 동안에 국가
기관에 복무한 사람에게 해마다 주는 돈.
年月日연월일 : 해와 달과 날을 아울러 이르는 말. ¶제조 **연월일**
年中연중 : 한 해 동안. ¶**연중** 행사

쓰는 순서 丿 厂 厂 仁 左 年

도움말 年은 秊가 본자(本字)로, 많은[千 일천 천] 곡식[禾 벼 화]들이 자라 익는 기
[禾+千] 간을 가리켜 한 '해'의 뜻이 됨.

大 큰 대

- 부수 : 큰 대(大)
- 총획 : 3획

大小대소 : 크고 작음. 큰 것과 작은 것.
大韓대한 : '대한 민국'의 준말.
大王대왕 : 훌륭하고 업적이 뛰어난 임금을 높여 일컫는 말. ¶세종 **대왕**
大軍대군 : 많은 군사. ¶팔만 **대군**

쓰는 순서 : 一 ナ 大

도움말 어른이 팔다리를 크게 벌리고 서 있는 모양을 본떠 '크다'의 뜻이 됨.

   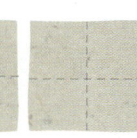 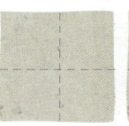 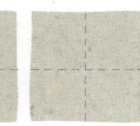

東 동녘 동

- 부수 : 나무 목(木)
- 총획 : 8획

東大門동대문 : '흥인지문'의 다른 이름. 서울 도성의 동쪽 정문이라는 뜻임.
東西동서 : 동쪽과 서쪽. 동양과 서양. ¶**동서** 문화의 교류
東門동문 : 동쪽 문. 동쪽으로 난 문.
東北동북 : 동쪽과 북쪽. ¶**동북** 아시아

쓰는 순서 : 一 丆 丙 申 東 東 東 東

도움말 아침 해[日 해 일]가 나무[木 나무 목]에 걸려 있는 모양으로 해 뜨는 '동쪽'을 나타냄.

 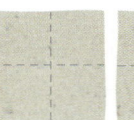  

六 여섯 륙

- 부수 : 여덟 팔(八)
- 총획 : 4획

[五六月오뉴월/오륙월(×) : '오월'과 '유월'을 아울러 이르는 말.
¶**오뉴월** 감기는 개도 아니 걸린다

쓰는 순서 : 亠 宀 六 六

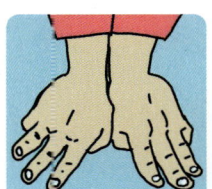

도움말 두 손의 손가락을 세 개씩 펴 서로 맞댄 모양에서 '여섯'을 가리킴.

 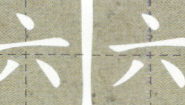 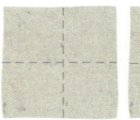 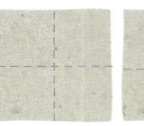  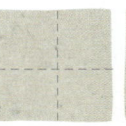 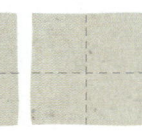

萬

일만 만

- 부수 : 초두(艹)
- 총획 : 13획

萬山만산 : 수많은 산.
萬年만년 : 언제나 변함없이 같은 상태임을 이르는 말. ¶**만년** 꼴찌
萬國만국 : 세계의 모든 나라. ¶**만국** 공통어
萬民만민 : 모든 백성. 또는 모든 사람. ¶**만민**에게 호소하다

쓰는 순서 : 一 十 卄 艹 芍 芍 苩 苩 莒 萬 萬 萬 萬

도움말 전갈의 모양을 본뜬 글자로, 전갈이 알을 매우 많이 낳는다는 데서 '일만', '많다'의 뜻이 됨.

母

어미 모

- 부수 : 말 무(毋)
- 총획 : 5획

父母부모 : 아버지와 어머니. ¶**부모**님을 공경하다
母國모국 : 자기의 조국을 이르는 말. 조국(祖國). ¶재일 교포의 **모국** 방문
母女모녀 : 어머니와 딸. ↔ 부자(父子).
生母생모 : 자기를 낳은 어머니. 친어머니. ↔ 양모(養母).

쓰는 순서 : ㄴ 乚 囚 母 母

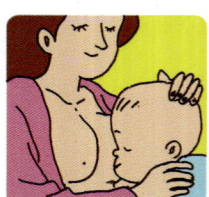

도움말 여자[女 계집 녀]의 좌우 유방[丶丶]을 나타내어 아이에게 젖을 먹여 기르는 '어머니'의 뜻.

木

나무 목

- 부수 : 나무 목(木)
- 총획 : 4획

土木토목 : 흙과 나무를 아울러 이르는 말. 또는 '토목 공사'의 준말.

쓰는 순서 : 一 十 才 木

도움말 나무의 모양을 본뜬 글자.

문 **문**

부수 : 문 문(門)

총획 : 8획

大門대문 : 큰 문. 집의 정문. ¶활짝 열린 **대문**
門中문중 : 성(姓)과 본(本)이 같은 가까운 집안. ¶**문중** 회의
門人문인 : 문하에서 배우는 제자. 문하생(門下生).

쓰는 순서

도움말 좌우 두 개의 문짝을 닫아 놓은 모양을 본떠 '문'의 뜻이 됨.

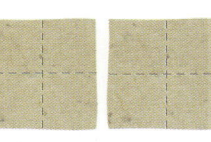 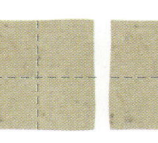 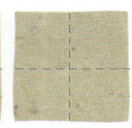

백성 **민**

부수 : 성씨 씨(氏)

총획 : 5획

民生민생 : 국민의 생활. ¶**민생** 치안
人民인민 : 사회를 구성하는 사람. 국민. 백성.

쓰는 순서

도움말 초목의 싹이 많이 나고 뿌리를 뻗고 있는 모양에서, '백성', '서민'을 뜻함.

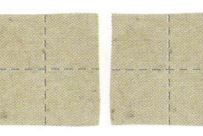   

흰 **백**

부수 : 흰 백(白)

총획 : 5획

白人백인 : 백색 인종에 딸린 사람.
白金백금 : 금속 원소 중에서 가장 무거운, 은백색의 귀금속 원소. ¶**백금** 반지

쓰는 순서

도움말 해[日 해 일]에서 나오는 빛[丿 삐칠 별]을 본뜬 글자로, 햇빛이 희고 밝아 '희다', '밝다'의 뜻이 됨.

   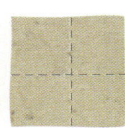 

父

아버지 부

- 부수 : 아버지 부(父)
- 총획 : 4획

父母兄弟부모형제 : 아버지·어머니·형·아우. 온 가족.
父女부녀 : 아버지와 딸.
生父생부 : 자기를 낳은 아버지. 친아버지. ↔ 양부(養父).
學父母학부모 : 학생의 아버지나 어머니라는 뜻으로, 학생의 보호자를 이르는 말.

쓰는 순서 ′ ′′ ″ 父

도움말 손에 회초리를 들고 있는 모양을 본떠, 아이들을 가르치는 '아버지'를 나타냄.

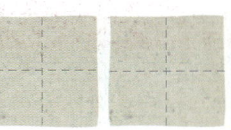 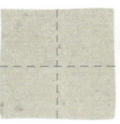 

北

북녘 북
달아날 배

- 부수 : 비수 비(匕)
- 총획 : 5획

北西북서 : 북쪽과 서쪽의 중간에 해당하는 방위. ¶우리나라는 태평양의 북서쪽에 있다
北韓북한 : 남북으로 분단된 대한민국의 휴전선 북쪽 지역을 가리키는 말. ↔ 남한(南韓). ¶북한 동포

쓰는 순서 ⺊ ⺊ ⺊ 北 北

도움말 두 사람이 서로 등을 맞대고 서 있는 모양을 본떠, 남녘과 등진 '북녘', 또는 서로 등져 '배반하다', '달아나다'의 뜻이 됨.

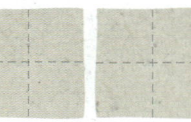  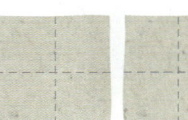

四

넉 사

- 부수 : 큰입구(囗)
- 총획 : 5획

四寸사촌 : 아버지의 친형제의 아들딸. ¶사촌 동생
四月사월 : 한 해의 넷째 달.
四十사십 : 십의 네 배가 되는 수. 마흔.

쓰는 순서 丨 冂 冂 四 四

도움말 二와 二의 합침, 또는 네 손가락을 편 모양에서 '넷'을 나타냄.

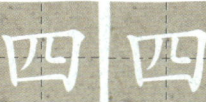     

메 산

- 부수 : 메 산(山)
- 총획 : 3획

火山화산 : 땅속의 마그마가 밖으로 터져 나와 퇴적하여 이루어진 산. ¶화산 폭발
西山서산 : 서쪽의 산. ¶이미 서산에는 해가 지고 있었다
先山선산 : 조상의 무덤, 또는 무덤이 있는 곳.
山水산수 : 산과 물이라는 뜻으로, 자연의 경치를 이름.

쓰는 순서 : ㅣ 凵 山

도움말 산의 모양을 본뜬 글자.

 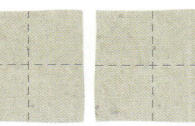  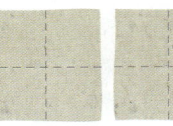

석 삼

- 부수 : 한 일(一)
- 총획 : 3획

三寸삼촌 : 아버지의 형제.
三韓삼한 : 삼국 시대 이전에, 우리나라 중남부에 있었던 세 나라. 마한·진한·변한을 이름.

쓰는 순서 : 一 二 三

도움말 가로 그은 세 획으로써 '셋'이라는 뜻을 나타냄.

 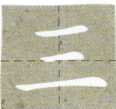 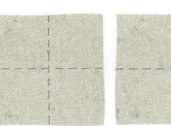 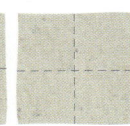  

날 생

- 부수 : 날 생(生)
- 총획 : 5획

生水생수 : 끓이거나 소독하거나 하지 않은 맑은 샘물. ¶생수 개발
生日생일 : 태어난 날. ¶생일 잔치
生年月日생년월일 : 태어난 해와 달과 날.

쓰는 순서 : ノ ㅏ ㅑ 牛 生

도움말 풀의 싹이 흙[土 흙 토]을 뚫고 나오는 모양을 본떠, '생겨나다', '살다'의 뜻을 나타냄.

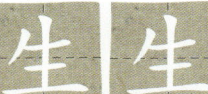   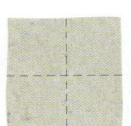 

西

서녘 서

- 부수 : 덮을 아(襾)
- 총획 : 6획

東西南北동서남북 : 동쪽·서쪽·남쪽·북쪽. 곧 사방. ¶동서남북 다 돌아다녀 봐도 내 고향만 못하다
西南서남 : 서쪽과 남쪽.
西北서북 : 서쪽과 북쪽.

쓰는 순서 一 丆 丆 丙 丙 西 西

도움말 저물 무렵에 새가 둥우리를 찾아들어 앉는 모양을 본떠, 해가 지는 쪽인 '서녘'의 뜻으로 쓰이게 됨.

先

먼저 선

- 부수 : 어진사람 인(儿)
- 총획 : 6획

先生선생 : 남을 가르치는 사람. 교사. ¶국어 선생
先人선인 : 선친. 조상. 선조(先祖). 전대(前代)의 사람. 옛날 사람. ¶선인들의 생활 양식
先金선금 : 무엇을 살 때에 먼저 치르는 돈. ¶선금을 치르다
先王선왕 : 선대의 임금.

쓰는 순서 ノ 一 ヒ 生 失 先

도움말 사람[儿 사람 인]이 남보다 앞서 간다[业←之 '갈 지'의 변형]는 데서 '먼저'의 뜻이 됨. [业+儿]

小

작을 소

- 부수 : 작을 소(小)
- 총획 : 3획

小人소인 : 나이가 어린 아이. 도량이 좁고 간사한 사람. ↔ 대인 (大人). ¶소인들의 농간에 말려들다
小國소국 : 국력이 약하거나 국토가 작은 나라.
小學소학 : '초등학교'의 전 용어.
小生소생 : 예전에, 말하는 이가 자기를 낮추어 이르던 말.

쓰는 순서 丨 小 小

도움말 작은 점[丶] 셋으로 물건의 '작은' 모양을 본뜬 글자. 또는 흙을 헤치고 [八] 나온[丨] 싹이 '작다'는 뜻.

水 물 수

- 부수 : 물 수(水)
- 총획 : 4획

水火수화 : 물과 불.
水中수중 : 물속. 물 가운데. ¶수중 탐사
水門수문 : 물의 흐름을 막거나 유량을 조절하기 위하여 설치한 문. ¶수문을 닫다

쓰는 순서 ｊ 刁 才 水

도움말 물이 흐르는 모양을 본뜬 글자.

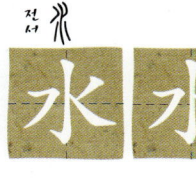 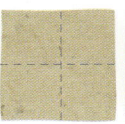 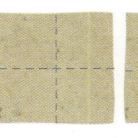 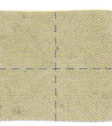  

室 집/방 실

- 부수 : 갓머리(宀)
- 총획 : 9획

室長실장 : 연구실·분실 따위의 '실' 자가 붙은 부서의 우두머리. ¶기획실 실장
小室소실 : 첩. ¶소실을 두다

쓰는 순서 丶 宀 宀 宁 宑 宖 室 室 室

도움말 집[宀 집 면]에 사람이 이르러[至 이를 지] 머무르는 곳이라는 데서 '방'을 뜻함.
[宀+至]

  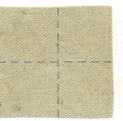  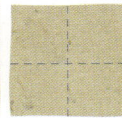  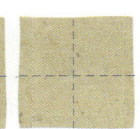

十 열 십

- 부수 : 열 십(十)
- 총획 : 2획

十日십일 : 열흘.
十中八九십중팔구 : 열 가운데 여덟이나 아홉이 그러하다는 뜻으로, 거의 예외 없이 그러할 것이라는 추측을 나타내는 말. ¶그렇게 하면 실패하기 **십중팔구**이다
十月시월/십월(×) : 한 해 열두 달 가운데 열 번째 달.

쓰는 순서 一 十

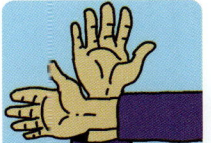
도움말 다섯 손가락씩 있는 두 손을 엇걸어 '열'을 가리킨 글자.

  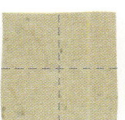   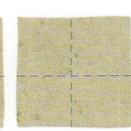

五

다섯 오

- 부수 : 두 이(二)
- 총획 : 4획

五月오월 : 한 해의 다섯째 달.
五寸오촌 : 아버지의 사촌이나 아들의 사촌과의 촌수.

쓰는 순서 一 丆 五 五

도움말 둘[二 두 이]에 셋[三 석 삼]을 어울려 '다섯'을 나타냄.

전서

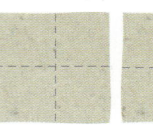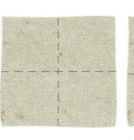

王

임금 왕

- 부수 : 구슬 옥(玉)
- 총획 : 4획

王中王왕중왕 : 왕 중의 왕. 일정한 분야나 범위 안에서 가장 으뜸이 되는 사람. ¶**왕중왕**을 가리다
王室왕실 : 왕의 집안.
王國왕국 : 임금이 다스리는 나라. ¶고대 **왕국**
王女왕녀 : 왕의 딸.

쓰는 순서 一 二 干 王

도움말 큰 도끼의 날을 아래로 드리운 모양에서 '임금'의 뜻을 나타냄.

전서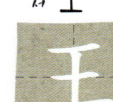

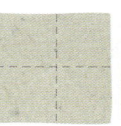

外

바깥 외

- 부수 : 저녁 석(夕)
- 총획 : 5획

外人외인 : 가족 이외의 사람. 같은 조직이나 단체에 딸리지 않은 사람. ¶**외인** 출입 금지
外兄외형 : 손위 처남.
外國외국 : 자기 나라가 아닌 다른 나라. ¶**외국** 상품
外三寸외삼촌 : 어머니의 남자 형제.

쓰는 순서 ノ ク タ 外 外

도움말 저녁[夕 저녁 석]에 점[卜 점 복]을 치는 것은 관례에 벗어난다 하여 '밖'을 뜻하게 됨.
[夕+卜]

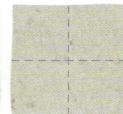

月 달 월

부수 : 달 월(月)
총획 : 4획

八月팔월 : 한 해의 여덟째 달. ¶팔월 한가위
一月일월 : 한 해 열두 달 가운데 첫째 달. 정월.

쓰는 순서 : 丿 刀 月 月

도움말 달의 모양을 본뜬 글자.

二 두 이

부수 : 두 이(二)
총획 : 2획

二月이월 : 한 해의 둘째 달.
二十이십 : 십의 두 배가 되는 수. ¶이십 년
二人이인 : 두 사람. 부모. 부부.
二日이일 : 이틀. 이튿날.

쓰는 순서 : 一 二

도움말 두 손가락, 또는 두 선을 그어 '둘'을 나타냄.

人 사람 인

부수 : 사람 인(人)
총획 : 2획

人生인생 : 사람이 세상을 살아가는 일. 사람의 살아 있는 동안. ¶인생은 짧고 예술은 길다
人中인중 : 코와 윗입술 사이에 오목하게 골이 진 곳.
萬人만인 : 모든 사람. ¶만인의 칭송을 받다

쓰는 순서 : 丿 人

도움말 사람이 팔을 벌리고 서 있는 옆 모습을 본뜬 글자.

一 한 일

부수: 한 일(一)
총획: 1획

- 一日일일 : 하루. 그달의 첫째 날.
- 一年일년 : 한 해.
- 一生일생 : 살아 있는 동안. ¶**일생** 잊을 수 없는 일
- 一人일인 : 한 사람. 또는 어떤 사람.
- 萬一만일 : 있을지도 모르는 뜻밖의 경우. ¶**만일**을 걱정하다

쓰는 순서: 一

도움말: 선 하나, 또는 손가락 하나를 펴서 '하나'를 나타냄.

전서 一

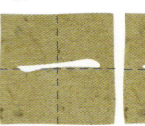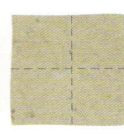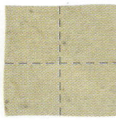

日 날/해 일

부수: 날 일(日)
총획: 4획

- 日日일일 : 하루하루. ¶**일일** 연속극
- 日月일월 : 해와 달을 아울러 이르는 말.
- 日人일인 : 일본 사람.
- 韓日한일 : 한국과 일본을 아울러 이르는 말.

쓰는 순서: 丨 冂 日 日

도움말: 해의 모양을 본뜬 글자.

전서 日

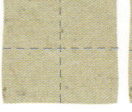

長 긴/어른 장

부수: 긴 장(長)
총획: 8획

- 長女장녀 : 맏딸. 큰딸.
- 年長연장 : 서로 비교하여 보아 나이가 많음. 또는 그런 사람. ¶그는 나보다 두 살 **연장**이다
- 學長학장 : 단과 대학의 장.

쓰는 순서:

도움말: 수염과 머리카락이 긴 노인이 지팡이를 짚고 있는 모양에서 '어른', '길다'의 뜻이 됨.

전서 長

아우 제

- 부수 : 활 궁(弓)
- 총획 : 7획

弟兄제형 : 아우와 형을 아울러 이르는 말.

쓰는 순서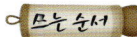

도움말 막대에 가죽끈을 차례로 내리감은 모양에서, 형제의 순서에서 아래인 '아우'의 뜻이 됨.

 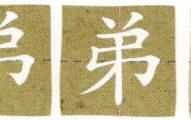 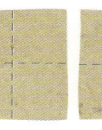 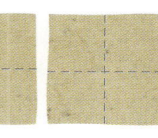  

가운데 중

- 부수 : 뚫을 곤(丨)
- 총획 : 4획

中國중국 : 아시아 동부에 있는 나라. 수도는 베이징.
中學生중학생 : 중학교에 재학하는 학생.
中年중년 : 마흔 살 안팎의 나이. 청년과 노년의 중간을 이르며, 때로 50대까지 포함하는 경우도 있음. ¶**중년** 남자
中人중인 : 조선 시대에, 양반과 평민의 중간에 있던 신분 계급.

쓰는 순서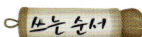

도움말 물건[口]의 한가운데를 작대기로 꿰뚫은[丨] 모양에서 '가운데'를 뜻하게 됨.

  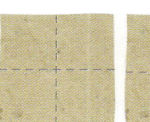   

푸를 청

- 부수 : 푸를 청(青)
- 총획 : 8획

青年청년 : 신체적·정신적으로 한창 성장하거나 무르익은 시기에 있는 사람. ¶**청년** 시절
青山청산 : 풀과 나무가 무성한 푸른 산. ¶**청산**을 벗삼아 살다
青軍청군 : 운동 경기 따위에서, 여러 편으로 갈라 겨룰 때, 푸른 빛깔의 상징물을 사용하는 쪽의 편. ¶**청군** 이겨라!

쓰는 순서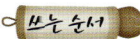

도움말 초목의 싹이 나올[主=生 날 생] 때에는 붉으나[丹 붉을 단] 자라면 '푸르게' 된다는 뜻. [主+丹]

  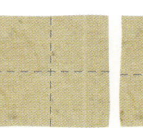   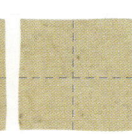

寸 마디 촌

- 부수 : 마디 촌(寸)
- 총획 : 3획

쓰는 순서 一 十 寸

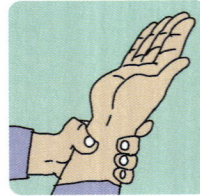

도움말 오른손 손목에 엄지손가락을 대어 맥을 짚는 모양에서, '재다'의 뜻을 나타냄.

八寸팔촌 : 아버지 육촌의 자녀와의 촌수. ¶그와 나는 **팔촌** 간이다

七 일곱 칠

- 부수 : 한 일(一)
- 총획 : 2획

쓰는 순서 一 七

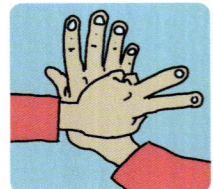

도움말 다섯 손가락을 위로 펴고 나머지 손의 두 손가락을 옆으로 편 모양에서 '일곱'을 나타냄.

七月칠월 : 한 해의 일곱째 달. ¶음력 **칠월** 초이렛날의 밤을 칠석이라고 한다

七日칠일 : 이레. 이렛날.

土 흙 토

- 부수 : 흙 토(土)
- 총획 : 3획

쓰는 순서 一 十 土

도움말 땅 위의 흙덩이 모양을 본뜬 글자.

土人토인 : '미개한 지역에 정착하여 원시적인 생활을 하고 있는 종족'을 얕잡아 이르는 말. 또는 어떤 지방에 대대로 붙박이로 사는 사람.

여덟 팔

부수 : 여덟 팔(八)
총획 : 2획

八十팔십 : 여든. ¶ **팔십** 노인도 세 살 먹은 아이한테 배울 것이 있다
八九月팔구월 : 팔월과 구월. 또는 팔월이나 구월. ¶ 그 건물은 **팔구월** 쯤에 완성된다

쓰는 순서 ノ 八

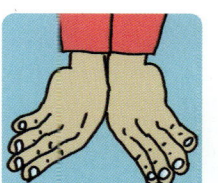

도움말 두 손의 네 손가락을 펴서 서로 등지게 한 모양에서 '여덟'을 가리킴.

 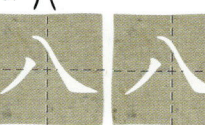 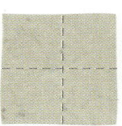 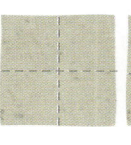 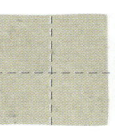 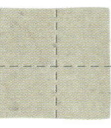 

배울 학

부수 : 아들 자(子)
총획 : 16획

學校학교 : 교육·학습에 필요한 설비를 갖추고 학생을 모아 일정한 교육 목적 아래 교사가 지속적으로 교육을 하는 기관. ¶ 초등**학교**
學年학년 : 한 해를 단위로 한 학습 기간의 구분. ¶ 상급 **학년**
大學대학 : 고등 교육을 베푸는 교육 기관. ¶ 단과 **대학**

쓰는 순서 ` ´ ´ ″ ″ ″ ″ 臼 臼 臼 臼 臼 學 學 學

도움말 아들[子 아들 자]이 양손에 책을 잡고[臼 두손으로물건받들 국] 스승의 가르침을 본받으며[爻 본받을 효] '배운다'는 뜻.
[臼+爻+子]

 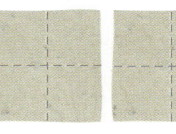 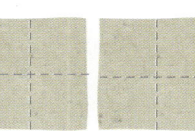  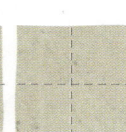

한국/나라 한

부수 : 가죽 위(韋)
총획 : 17획

大韓民國대한민국 : 우리나라의 국호(國號).
韓國한국 : '대한민국'의 준말.
南北韓남북한 : 남한과 북한. ¶ 이번 올림픽 때 **남북한** 선수가 같이 입장했다

쓰는 순서 一 十 古 古 古 古 흐 卓 卓ʼ 卓ʼʼ 卓ʼʼʼ 卓ᆂ 卓ᆯ 卓ᆯ 卓ᆯ 韓

도움말 해돋는[卓←倝 해돋을 간] 쪽에 성곽 같은 산에 둘러싸인[韋 에울 위] '나라'라는 뜻.
[卓+韋]

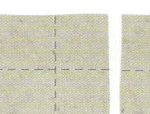    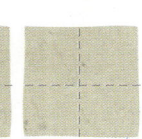

兄

형/맏 **형**

- 부수 : 어진사람 인(儿)
- 총획 : 5획

兄弟형제 : 형과 아우. ¶우애 깊은 **형제**
學父兄학부형 : 학생의 아버지나 형이라는 뜻으로, 학생의 보호자를 이르는 말. ¶올해 아이가 학교에 들어가기 때문에 나도 **학부형**이 된다

쓰는 순서 ノ 口 口 尸 兄

도움말 아우를 입[口 입 구]으로 타이르는 사람[儿 사람 인]이라는 데서 '형', '맏이' 라는 뜻. [口+儿]

 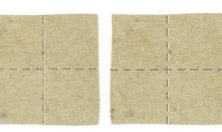

火

불 **화**

- 부수 : 불 화(火)
- 총획 : 4획

大火대화 : 큰불. 큰 화재.
火門화문 : 총, 대포 따위와 같은 화기의 아가리.

쓰는 순서 ヽ ヽ 少 火

도움말 불이 활활 타오르는 모양을 본뜬 글자.
전서 火

　　　소년　　　이로　　　　학난성
　　　少年은 **易老**하고 **學難成**하니

　　　　일촌광음　　　　　불가경
　　　一寸光陰이라도 **不可輕**하라

소년은 늙기 쉽고, 학문은 이루기 어려우니
짧은 시간이라도 가볍게 여기지 말라.

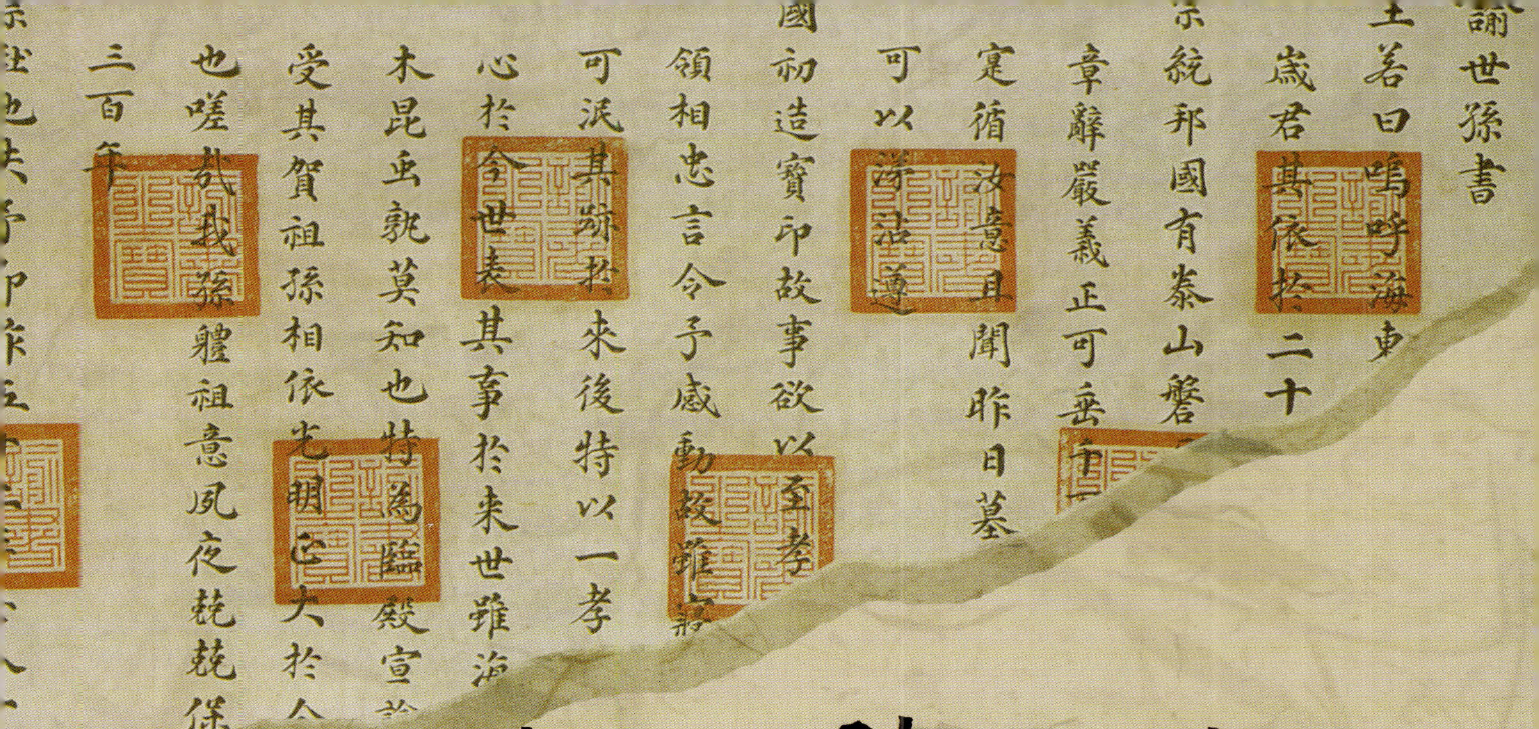

재미있는 원리로 배우는
한자능력검정시험
기출 및 예상문제

8급

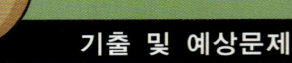

제1회 | 기출 및 예상문제 [시험시간 : 50분]

1 다음 글을 읽고 밑줄 친 한자(漢字)의 독음(讀音)을 쓰세요.(1~18)

〈보기〉 字 → 자

- (1)五(2)月 (3)八(4)日은 어버이날입니다. 이 날은 (5)父(6)母님께 카네이션을 달아 드리는 날입니다.
- 설날에 (7)四(8)寸 (9)兄(10)弟들과 집에 모여 윷놀이를 하였습니다.
- (11)東(12)西(13)南(14)北 전 세계의 사람들이 (15)大(16)韓(17)民(18)國의 월드컵 4강 진출을 놀라워했습니다.

(1) 五 (2) 月 (3) 八 (4) 日
(5) 父 (6) 母 (7) 四 (8) 寸
(9) 兄 (10) 弟 (11) 東 (12) 西
(13) 南 (14) 北 (15) 大 (16) 韓
(17) 民 (18) 國

2 다음 한자(漢字)의 훈(訓:뜻)과 음(音:소리)을 쓰세요.(19~26)

〈보기〉 音 → 소리 음

(19) 校 (20) 小 (21) 金 (22) 白
(23) 先 (24) 年 (25) 九 (26) 長

3 ( )에 알맞은 한자(漢字)를 〈보기〉에서 찾아 그 번호를 쓰세요.(27~36)

〈보기〉	① 人	② 女	③ 外	④ 敎	⑤ 萬
	⑥ 六	⑦ 學	⑧ 一	⑨ 王	⑩ 七

(27) 가르치다 ( ) (28) 여자 ( )
(29) 바깥 ( ) (30) 배우다 ( )
(31) 사람 ( ) (32) 여섯 ( )
(33) 일곱 ( ) (34) 임금 ( )
(35) 일만 ( ) (36) 하나 ( )

4 다음 글을 읽고 밑줄 친 낱말 뜻에 알맞은 한자(漢字)를 〈보기〉에서 찾아 그 번호를 쓰세요.(37~41)

〈보기〉	① 二	② 木	③ 山	④ 靑	⑤ 中

　현수는 식목일날에 소연이 누나와 함께 동네 뒷(37)산에 (38)나무를 심으러 갔습니다. 산 (39)가운데에 (40)푸른 소나무 (41)두 그루를 심었습니다.

5 아래 글의 밑줄 친 글자에 맞는 한자(漢字)를 〈보기〉에서 골라 그 번호를 쓰세요.(42~46)

〈보기〉	① 室	② 三	③ 生	④ 土	⑤ 軍

(42) 막내 누나는 여군입니다.
(43) 매일 아침 생수를 마십니다.
(44) 실내에서 떠들면 안 됩니다.
(45) 삼촌과 함께 놀이공원에 갔습니다.
(43) 토요일에 동생과 자전거를 타기로 했습니다.

기출 및 예상문제 8급

6 다음의 한자(漢字)는 무엇을 본떠서 만든 글자입니다. 〈보기〉에서 그 번호를 찾아 쓰세요.(47~48)

〈보기〉 ① 火   ② 門   ③ 水   ④ 十

(47) 물이 흐르는 모양을 본떠서 만든 글자는? (   )

(48) 두 개의 문짝을 닫아 놓은 모양을 본떠서 만든 글자는? (   )

7 다음 물음에 답하세요.(49~50)

(49) 火 ㉠획의 쓰는 순서를 아래에서 골라 번호를 쓰세요.

① 첫 번째   ② 두 번째
③ 세 번째   ④ 네 번째

(50) 長 ㉠획의 쓰는 순서를 아래에서 골라 번호를 쓰세요.

① 네 번째   ② 다섯 번째
③ 여섯 번째   ④ 일곱 번째

제2회 ▎ 기출 및 예상문제

[시험시간 : 50분]

1 다음 글을 읽고 밑줄 친 한자(漢字)의 독음(讀音)을 쓰세요.(1~16)

〈보기〉 字 → 자

- (1)四(2)月 (3)五(4)日은 식(5)木일로, (6)山에 나무를 심는 날입니다.
- (7)校(8)長 (9)先(10)生님께서 모범 (11)學생에게 장학(12)金을 주셨습니다.
- (13)父(14)母님과 함께 (15)中(16)國 여행을 갔습니다.

(1) 四　　(2) 月　　(3) 五　　(4) 日
(5) 木　　(6) 山　　(7) 校　　(8) 長
(9) 先　　(10) 生　　(11) 學　　(12) 金
(13) 父　　(14) 母　　(15) 中　　(16) 國

2 다음 한자(漢字)의 훈(訓:뜻)과 음(音:소리)을 쓰세요.(17~25)

〈보기〉 音 → 소리 음

(17) 王　　(18) 寸　　(19) 火　　(20) 南
(21) 萬　　(22) 六　　(23) 民　　(24) 大
(25) 十

기출 및 예상문제 8급

3 ( )에 알맞은 한자(漢字)를 〈보기〉에서 찾아 그 번호를 쓰세요.(26~35)

〈보기〉 ① 西 ② 年 ③ 三 ④ 人 ⑤ 室
     ⑥ 北 ⑦ 水 ⑧ 八 ⑨ 九 ⑩ 門

(26) 해 (   )   (27) 사람 (   )
(28) 서녘 (   )   (29) 여덟 (   )
(30) 셋 (   )   (31) 문 (   )
(32) 집 (   )   (33) 북쪽 (   )
(34) 물 (   )   (35) 아홉 (   )

4 다음 밑줄 친 낱말 뜻에 알맞은 한자(漢字)를 〈보기〉에서 찾아 그 번호를 쓰세요.(36~40)

〈보기〉 ① 小   ② 二   ③ 外   ④ 一   ⑤ 女

　　미란이는 (36)여자 어린이입니다. 남동생이 (37)하나 있습니다. (38)둘은 집 (39)밖에서 (40)작은 인형을 가지고 놀았습니다.

5 아래 글의 밑줄 친 글자에 맞는 한자(漢字)를 〈보기〉에서 골라 그 번호를 쓰세요.(41~45)

〈보기〉 ① 軍 ② 韓 ③ 敎 ④ 白 ⑤ 東
     ⑥ 土 ⑦ 兄 ⑧ 大

(41) 독도는 울릉도 동쪽에 있습니다.
(42) 우리 군인들이 나라를 지킵니다.
(43) 사촌 형은 축구 선수입니다.
(44) 청군과 백군 시합에서 백군이 이겼습니다.
(45) 교실에서 공부하고 있습니다.

6 다음 한자(漢字)는 무슨 뜻이며 어떤 음(音:소리)으로 읽을까요? 〈보기〉에서 골라 그 번호를 써넣으세요.(46~48)

〈보기〉	① 흙	② 토	③ 제	④ 푸른색
	⑤ 여섯	⑥ 칠		

(46) 七은 (　　　)이라고 읽습니다.
(47) 弟는 (　　　)라고 읽습니다.
(48) 靑은 (　　　)을 나타냅니다.

7 다음 물음에 답하세요.(49~50)

(49) 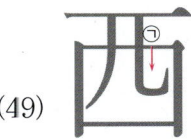 ㉠획의 쓰는 순서를 아래에서 골라 번호를 쓰세요.

① 세 번째　　　　② 네 번째
③ 다섯 번째　　　④ 여섯 번째

(50) 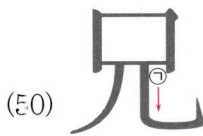 ㉠획의 쓰는 순서를 아래에서 골라 번호를 쓰세요.

① 두 번째　　　　② 다섯 번째
③ 네 번째　　　　④ 세 번째

기출 및 예상문제 8급

제3회 | 기출 및 예상문제
[시험시간 : 50분]

1 다음 글을 읽고 밑줄 친 한자(漢字)의 독음(讀音)을 쓰세요.(1~18)

〈보기〉 字 → 자

• 울릉도 (1)東(2)南쪽에 있는 독도는 (3)大(4)韓(5)民(6)國의 땅입니다.
• (7)月요(8)日부터 (9)土요일까지만 (10)學(11)校에 갑니다.
• (12)六 · (13)二(14)五 전쟁으로 (15)父(16)母님과 (17)兄(18)弟를 모두 잃고 혼자 되었습니다.

(1) 東   (2) 南   (3) 大   (4) 韓
(5) 民   (6) 國   (7) 月   (8) 日
(9) 土   (10) 學   (11) 校   (12) 六
(13) 二   (14) 五   (15) 父   (16) 母
(17) 兄   (18) 弟

2 다음 한자(漢字)의 훈(訓:뜻)과 음(音:소리)을 쓰세요.(19~26)

〈보기〉 音 → 소리 음

(19) 門   (20) 外   (21) 西   (22) 白
(23) 八   (24) 軍   (25) 四   (26) 敎

3 ( )에 알맞은 한자(漢字)를 〈보기〉에서 찾아 그 번호를 쓰세요.(27~36)

〈보기〉	① 一	② 長	③ 萬	④ 年	⑤ 北
	⑥ 十	⑦ 九	⑧ 靑	⑨ 金	⑩ 室

(27) 푸르다 (　　)　　　(28) 쇠 (　　)
(29) 열 (　　)　　　　　(30) 해 (　　)
(31) 길다 (　　)　　　　(32) 아홉 (　　)
(33) 집 (　　)　　　　　(34) 북쪽 (　　)
(35) 하나 (　　)　　　　(36) 일만 (　　)

4 다음 밑줄 친 낱말 뜻에 알맞은 한자(漢字)를 〈보기〉에서 찾아 그 번호를 쓰세요.(37~41)

〈보기〉	① 三	② 水	③ 小	④ 先	⑤ 人

　　재선이는 지난 일요일에 (37)<u>작은</u> (38)<u>물</u>병 (39)<u>세</u> 개를 가방에 담아 약수터에 갔습니다. 약수터에는 (40)<u>먼저</u> 온 (41)<u>사람</u>들이 많았습니다.

5 아래 글의 밑줄 친 글자에 맞는 한자(漢字)를 〈보기〉에서 골라 그 번호를 쓰세요.(42~46)

〈보기〉	① 木	② 長	③ 中	④ 生	⑤ 山
	⑥ 靑	⑦ 十	⑧ 寸	⑨ 年	⑩ 九

(42) 친구 <u>생</u>일에 초대받았습니다.
(43) 삼<u>촌</u>은 군대에 갔습니다.
(44) <u>목</u>요일에 친구와 만나기로 약속했습니다.
(45) 북한<u>산</u>에 오르는 사람들이 많았습니다.
(46) 부모님은 <u>중</u>국으로 여행 가셨습니다.

6 다음의 한자(漢字)는 무엇을 본떠서 만든 글자입니다. 〈보기〉에서 그 번호를 찾아 쓰세요.(47~48)

〈보기〉 ① 火   ② 王   ③ 女   ④ 七

(47) 무릎을 꿇고 그 위에 손을 얹고 앉아 있는 얌전한 여자의 모습을 본떠서 만든 글자는? (   )

(48) 불이 활활 타오르는 모양을 본떠서 만든 글자는? (   )

7 다음 물음에 답하세요.(49~50)

(49) 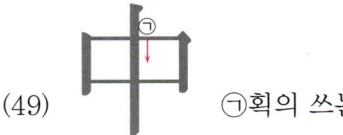 ㉠획의 쓰는 순서를 아래에서 골라 번호를 쓰세요.

① 첫 번째　　　　② 두 번째
③ 세 번째　　　　④ 네 번째

(50) 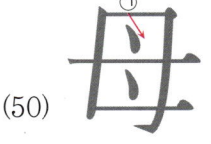 ㉠획의 쓰는 순서를 아래에서 골라 번호를 쓰세요.

① 두 번째　　　　② 다섯 번째
③ 네 번째　　　　④ 세 번째

제4회 | 기출 및 예상문제
[시험시간 : 50분]

1 다음 글을 읽고 밑줄 친 한자(漢字)의 독음(讀音)을 쓰세요.(1~16)

〈보기〉 字 → 자

• (1)十(2)月 (3)九(4)日은 한글날입니다. 이 날은 세종(5)大(6)王께서 훈민정음을 펴내신 날입니다.

• (7)南(8)北(9)韓의 (10)學(11)生들이 함께 모여 같이 공부할 수 있는 통(12)一의 그 날이 하루빨리 왔으면 좋겠습니다.

• 오랜만에 졸업한 학(13)校에 찾아와서 (14)先생님을 찾아뵙고 정든 (15)敎(16)室도 둘러보았습니다.

(1) 十　　　(2) 月　　　(3) 九　　　(4) 日
(5) 大　　　(6) 王　　　(7) 南　　　(8) 北
(9) 韓　　　(10) 學　　　(11) 生　　　(12) 一
(13) 校　　　(14) 先　　　(15) 敎　　　(16) 室

2 다음 한자(漢字)의 훈(訓:뜻)과 음(音:소리)을 쓰세요.(17~25)

〈보기〉 音 → 소리 음

(17) 東　　　(18) 八　　　(19) 年　　　(20) 山
(21) 三　　　(22) 長　　　(23) 弟　　　(24) 七
(25) 軍

3 ( )에 알맞은 한자(漢字)를 〈보기〉에서 찾아 그 번호를 쓰세요.(26~35)

〈보기〉 ① 門　② 寸　③ 人　④ 六　⑤ 小
　　　 ⑥ 火　⑦ 白　⑧ 靑　⑨ 木　⑩ 二

(26) 희다 (　)　　(27) 푸르다 (　)
(28) 작다 (　)　　(29) 여섯 (　)
(30) 둘 (　)　　　(31) 사람 (　)
(32) 마디 (　)　　(33) 나무 (　)
(34) 문 (　)　　　(35) 불 (　)

4 다음 밑줄 친 낱말 뜻에 알맞은 한자(漢字)를 〈보기〉에서 찾아 그 번호를 쓰세요.(36~40)

〈보기〉 ① 母　② 兄　③ 五　④ 父　⑤ 四

　(36)형은 저보다 세 살이 많습니다. (37)아버지는 (38)어머니보다 (39)다섯 살이 많습니다. 우리 가족은 모두 (40)네 명입니다.

5 아래 글의 밑줄 친 글자에 맞는 한자(漢字)를 〈보기〉에서 골라 그 번호를 쓰세요.(41~45)

〈보기〉 ① 金　② 女　③ 小　④ 外
　　　 ⑤ 中　⑥ 國　⑦ 西　⑧ 土

(41) 독도는 우리나라 국토입니다.
(42) 우리 형은 중학생입니다.
(43) 해는 동쪽에서 떠서 서쪽으로 집니다.
(44) 많은 물건들이 외국으로 수출되고 있습니다.
(45) 오늘은 금요일이고 내일은 토요일입니다.

6 다음 한자(漢字)는 무슨 뜻이며 어떤 소리(음)로 읽을까요? 〈보기〉에서 골라 그 번호를 써 넣으세요.(46~48)

〈보기〉 ① 군사 ② 백성 ③ 목 ④ 여자 ⑤ 만
       ⑥ 나라 ⑦ 수 ⑧ 화

(46) 水는 (   )라고 읽습니다.
(47) 萬은 (   )이라고 읽습니다.
(48) 民은 (   )이라는 뜻입니다.

7 다음 물음에 답하세요.(49~50)

(49)  ㉠획의 쓰는 순서를 아래에서 골라 번호를 쓰세요.

① 첫 번째   ② 두 번째
③ 세 번째   ④ 네 번째

(50)  ㉠획의 쓰는 순서를 아래에서 골라 번호를 쓰세요.

① 네 번째   ② 다섯 번째
③ 일곱 번째   ④ 여섯 번째

기출 및 예상문제

제5회 ┃ 기출 및 예상문제(8급) [시험시간 : 50분]

1 다음 글을 읽고 밑줄 친 한자(漢字)의 독음(讀音)을 쓰세요.(1~17)

〈보기〉 字 → 자

- (1)東(2)西(3)南(4)北 (5)四방을 아무리 찾아봐도 잃어버린 강아지를 찾을 수가 없었습니다.
- (6)大(7)韓(8)民(9)國이 양궁에서 (10)金메달을 획득하였습니다.
- (11)八(12)月 (13)十(14)五(15)日은 추석입니다. 고향에 가서 (16)父(17)母님과 차례를 지냅니다.

(1) 東   (2) 西   (3) 南   (4) 北
(5) 四   (6) 大   (7) 韓   (8) 民
(9) 國   (10) 金 (11) 八 (12) 月
(13) 十 (14) 五 (15) 日 (16) 父
(17) 母

2 다음 한자(漢字)의 훈(訓:뜻)과 음(音:소리)을 쓰세요.(18~26)

〈보기〉 音 → 소리 음

(18) 門   (19) 萬   (20) 室   (21) 軍
(22) 一   (23) 校   (24) 二   (25) 女
(26) 兄

3 ( )에 알맞은 한자(漢字)를 〈보기〉에서 찾아 그 번호를 쓰세요.(27~36)

〈보기〉 ① 中 ② 靑 ③ 三 ④ 先 ⑤ 六
       ⑥ 弟 ⑦ 九 ⑧ 白 ⑨ 年 ⑩ 火

(27) 가운데 (   )   (28) 아홉 (   )
(29) 먼저 (   )   (30) 불 (   )
(31) 푸르다 (   )   (32) 여섯 (   )
(33) 희다 (   )   (34) 아우 (   )
(35) 해 (   )   (36) 셋 (   )

4 다음 글을 읽고 밑줄 친 낱말 뜻에 알맞은 한자(漢字)를 〈보기〉에서 찾아 그 번호를 쓰세요.(37~41)

〈보기〉 ① 人   ② 小   ③ 水   ④ 木   ⑤ 山

민호는 일요일에 친구 영수와 함께 (37)산에 갔습니다. 산에는 놀러 온 (38)사람들이 많았습니다. 계곡에서는 (39)물이 흐르고 (40)나무 위에서는 (41)작은 새들이 민호와 영수를 반기듯이 지저귀고 있었습니다.

5 아래 글의 밑줄 친 글자에 맞는 한자(漢字)를 〈보기〉에서 골라 그 번호를 쓰세요.(42~46)

〈보기〉 ① 王   ② 生   ③ 敎   ④ 學   ⑤ 七

(42) 한글은 세종대왕께서 만드셨습니다.
(43) 학생들이 교실에서 그림을 그리고 있습니다.
(44) 선생님은 학생을 가르칩니다.
(45) 일주일은 칠 일입니다.
(46) 오늘은 현수 생일입니다.

6 다음의 한자(漢字)는 무엇을 본떠서 만든 글자입니다. 보기에서 그 번호를 찾아 쓰세요.(47~48)

〈보기〉 ① 外   ② 土   ③ 寸   ④ 長

(47) 땅 위의 흙덩이의 모양을 본떠서 만든 글자는? (　　　)

(48) 사람의 머리카락이 긴 것을 본떠서 만든 글자는? (　　　)

7 다음 물음에 답하세요.(49~50)

(49) 年 ㉠획의 쓰는 순서를 아래에서 골라 번호를 쓰세요.

① 세 번째　　　② 다섯 번째
③ 네 번째　　　④ 여섯 번째

(50) 先 ㉠획의 쓰는 순서를 아래에서 골라 번호를 쓰세요.

① 세 번째　　　② 네 번째
③ 다섯 번째　　④ 여섯 번째

재미있는 원리로
배우는
한자능력검정시험

7급

노래 가

- 부수 : 하품 흠(欠)
- 총획 : 14획

歌手가수 : 노래를 부르는 일을 직업으로 삼는 사람.
國歌국가 : 나라를 대표·상징하는 노래.
軍歌군가 : 군대의 사기를 돋우기 위하여 지어 부르는 노래.
校歌교가 : 학교를 상징하는 노래. ¶ **교가** 제창
長歌장가 : 말이 긴 노래.

쓰는 순서 一 厂 丆 爫 可 可 哥 哥 哥 哥 歌 歌 歌 歌

도움말 [哥+欠] 크게 입을 벌려[欠 하품 흠] '노래한다[哥 노래 가]'는 뜻.

 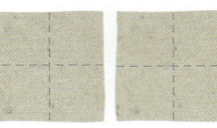   

집 가

- 부수 : 갓머리(宀)
- 총획 : 10획

家門가문 : 가족 또는 가까운 일가로 이루어진 공동체.
家長가장 : 한 가정을 이끌어 나가는 사람. ¶ 한 집안의 **가장**
國家국가 : 일정한 영토와 그곳에 사는 일정한 주민들로 이루어져, 주권에 의한 통치 조직을 지니고 있는 사회 집단.
王家왕가 : 왕의 집안. 왕실. 왕족.

쓰는 순서 丶 宀 宀 宁 宇 宇 家 家 家 家

도움말 [宀+豕] 돼지[豕 돼지 시]를 한 지붕[宀 집 면] 밑에서 키우는 '작은 집'을 뜻함.

  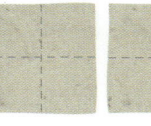 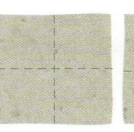  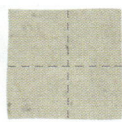 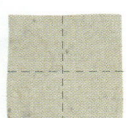

사이 간

- 부수 : 문 문(門)
- 총획 : 12획

人間인간 : 사람. 사람이 사는 세상.
中間중간 : 두 사물이나 현상의 사이.
民間민간 : 관청이나 정부 기관에 속하지 않음. ¶ **민간** 기업
山間산간 : 산과 산 사이. 산골짜기로 된 곳. ¶ **산간** 지대
世間세간 : 사람들이 살아가는 곳. 세상.

쓰는 순서 丨 冂 冂 冃 冃 門 門 門 門 間 間 間

도움말 [門+日] 햇빛[日 해 일]이 들어오는 문[門 문 문] 틈을 가리켜 '사이'의 뜻이 됨.

 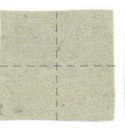   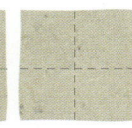

江

강 강

부수 : 삼수변(氵)
총획 : 6획

江村강촌 : 강가의 마을.
江山강산 : 강과 산이라는 뜻에서 자연의 경치를 이르는 말. ¶아름다운 **강산**
漢江한강 : 우리나라의 중부에 있는 강.
江南강남 : 강의 남쪽. 서울의 한강의 남쪽 지역. ↔ 강북(江北).

쓰는 순서 : 丶 冫 氵 汀 江 江

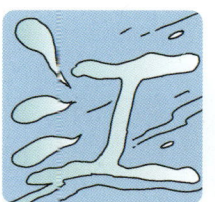

도움말 굽이굽이 흐르는 물[氵=水 물 수]에 의해 만들어진 강의 모양[工]에서 '강' [氵+工] 의 뜻이 됨.

車

수레 거/차

부수 : 수레 거(車)
총획 : 7획

車道차도 : 주로 차가 다니게 마련한 길.
下車하차 : 승객이 기차나 자동차 따위에서 내림. ¶도중 **하차**
電車전차 : 공중에 가설한 전선으로부터 전력을 공급받아 궤도 위를 달리는 차량. ¶**전차**를 타다
火車화차 : 지난날 전쟁에서, 불로 적을 공격하는 데 쓰던 수레.

쓰는 순서 : 一 厂 百 甫 亘 車 車

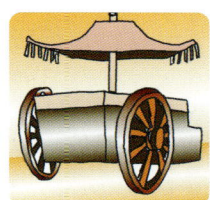

전서 車

도움말 수레의 모양을 본뜬 글자.

 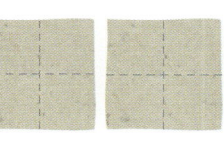

工

장인 공

부수 : 장인 공(工)
총획 : 3획

工場공장 : 원료나 재료를 가공하여 물건을 만들어 내는 설비를 갖춘 곳. ¶방직 **공장**
工事공사 : 토목이나 건축 등에 관한 일. ¶토목 **공사**
人工인공 : 사람의 힘으로 자연물과 똑같은 것을, 또는 전혀 새로운 것을 만들어 내는 일. ¶**인공** 심장

쓰는 순서 : 一 T 工

전서 工

도움말 무엇을 만들 때 사용하는 공구의 모양을 본떠 '만들다'의 뜻이 됨.

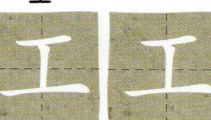 

空 빌 공

- 부수 : 구멍 혈(穴)
- 총획 : 8획

空中공중 : 지구 표면을 둘러싸고 있는 공간.
空軍공군 : 주로 공중에서 공격과 방어의 임무를 수행하는 군대.
空氣공기 : 지구를 둘러싼 대기의 하층 부분을 이루고 있는 무색·투명한 기체.
空間공간 : 아무것도 없이 비어 있는 칸.

쓰는 순서 : 丶丶宀宁宂空空空

도움말 : 땅을 파낸[工] 굴[穴 구멍 혈]처럼 속이 '비다', '없다'는 뜻. [穴+工]

口 입 구

- 부수 : 입 구(口)
- 총획 : 3획

食口식구 : 같은 집에서 끼니를 함께 하며 사는 사람.
人口인구 : 한 나라 또는 일정한 지역 안에 사는 사람의 수.
出口출구 : 나가는 어귀. ↔ 입구(入口).
入口입구 : 들어가는 어귀. ↔ 출구(出口). ¶교문 **입구**
家口가구 : 집안 식구.

쓰는 순서 : 丨冂口

도움말 : 입의 모양을 본뜬 글자.

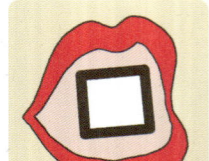

記 기록할 기

- 부수 : 말씀 언(言)
- 총획 : 10획

日記일기 : 그날그날 겪은 일이나 감상 등을 적은 개인의 기록.
前記전기 : 앞에 적은 기록.
記事기사 : 사실을 적음, 또는 그 글. ¶**기사**를 쓰다
手記수기 : 자기의 체험을 자신이 적은 글.
記入기입 : 수첩이나 문서 따위에 적어 넣음.

쓰는 순서 : 丶一亠亠言言言言記記

도움말 : 말[言 말씀 언]의 실마리[己 몸 기]를 문자로 정리한다는 데서 '적다'의 뜻이 됨. [言+己]

旗

깃발 기

부수 : 모 방(方)
총획 : 14획

校旗교기 : 학교를 상징하는 기.
國旗국기 : 한 나라를 상징하는 기.
軍旗군기 : 군의 각 단위 부대를 상징하는 기.
白旗백기 : 바탕이 흰 기.
旗手기수 : 행사 때 대열의 앞에 서서 기를 드는 일을 맡은 사람.

쓰는 순서 丶 亠 方 方 於 於 於 旂 旂 旂 旗 旗 旗

도움말 [方+其] 싸움을 할 때에 지휘하기 위해 높이 올린 대장기[方←认 깃발 언]의 모양[其 그 기]을 본떠 '깃발'을 나타냄.

氣

기운 기

부수 : 기운 기(气)
총획 : 10획

同氣동기 : '형제자매'를 통틀어 이르는 말.
上氣상기 : 흥분이나 수치심 때문에 얼굴이 화끈 달아오름.
生氣생기 : 싱싱하고 힘찬 기운. ¶생기가 돌다
人氣인기 : 어떤 사람이나 사물에 대하여 쏠리는 사람들의 호감.
天氣천기 : 천문에서 나타나는 징조. 대기의 기상 상태.

쓰는 순서 丶 宀 宀 气 气 気 気 氣 氣 氣

도움말 [气+米] 밥[米 쌀 미]을 지을 때 나는 '증기[气 기운 기]'를 나타냄.

男

사내 남

부수 : 밭 전(田)
총획 : 7획

男女남녀 : 남자와 여자. ¶남녀 공학
男女老少남녀노소 : 남자와 여자, 늙은이와 젊은이. 모든 사람.
男子남자 : 남성인 사람. 사나이. ↔ 여자(女子).
男便남편 : 혼인하여 여자의 짝이 되어 사는 남자를, 그 여자에 대하여 일컫는 말.

쓰는 순서 丨 冂 冃 用 田 男 男

도움말 [田+力] 밭[田 밭 전]에 나가 힘써[力 힘 력] 일하는 '사나이'를 뜻함.

內

안 내

- 부수 : 들 입(入)
- 총획 : 4획

內外내외 : 안과 밖. ¶학교 건물 **내외**
內面내면 : 안쪽. 안쪽을 향한 면.
內室내실 : 부녀자가 거처하는 방. 안방.
市內시내 : 도시의 안. ↔ 시외(市外). ¶많은 사람이 **시내**로 몰려들다
室內실내 : 방 안. 집 안. ↔ 실외(室外). ¶**실내** 조명

쓰는 순서 丨 冂 内 內

도움말 [冂+入] 빈[冂 빌 경] 곳에 들어가면[入 들 입] '안' 이 됨.

   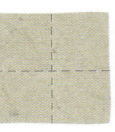 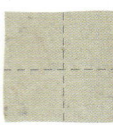 

農

농사 농

- 부수 : 별 진(辰)
- 총획 : 13획

農村농촌 : 농업으로 생업을 삼는 주민이 대부분인 마을.
農土농토 : 농사를 짓는 데 쓰이는 땅. ¶기름진 **농토**
農家농가 : 농업을 생업으로 삼는 사람의 집, 또는 그 가족.
農民농민 : 농업에 종사하는 사람.
農歌농가 : '농부가(農夫歌)' 의 준말.

쓰는 순서 丨 冂 曰 内 曲 曲 曹 芦 芦 芦 農 農 農

도움말 [曲+辰] 별[辰 별 진]이 보이는 새벽부터 밭[曲←田 밭 전]에 나가 일하는 '농부' 를 뜻함.

  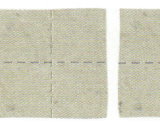 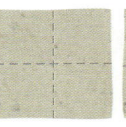   

答

대답 답

- 부수 : 대 죽(竹)
- 총획 : 12획

問答문답 : 물음과 대답, 또는 서로 묻고 대답함.
正答정답 : 옳은 답. 맞는 답.
答紙답지 : 답을 쓴 종이. 답안지.
名答명답 : 매우 잘한 대답. ¶그 대답이 과연 **명답**이다
自問自答자문자답 : 스스로 묻고 스스로 대답함.

쓰는 순서 丿 ㅏ ㅏ ㅏ 炏 炏 炏 答 答 答 答

도움말 [竹+合] 대쪽[竹 대 죽]에 써서 보내 온 글의 내용에 맞게[合 합할 합] '회답한다' 는 뜻.

  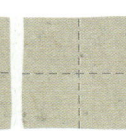 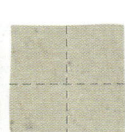 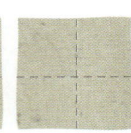 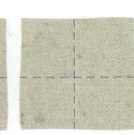

길/말할 도

부수 : 책받침(辶)
총획 : 13획

人道인도 : 사람이 다니는 길. ¶시내버스가 **인도**로 돌진하다
道民도민 : 그 도(道) 안에서 사는 사람. ¶**도민** 체육 대회
水道수도 : 상수도와 하수도를 두루 이르는 말.
王道왕도 : 임금으로서 마땅히 지켜야 할 도리.
八道팔도 : 우리나라 전체를 이르는 말. ¶**팔도** 강산을 유람하다

쓰는 순서 : 丶 䒑 丷 首 首 首 首 首 道 道 道

도움말 : 사람[首 머리 수]이 마땅히 가야[辶=辵 쉬엄쉬엄갈 착] 할 '길'을 뜻함.
[首+辶]

겨울 동

부수 : 이수변(冫)
총획 : 5획

立冬입동 : 이십사절기의 하나. 상강(霜降)과 소설(小雪) 사이로, 11월 8, 9일경.
秋冬추동 : 가을과 겨울.
冬夏동하 : 겨울과 여름.
三冬삼동 : 겨울의 석 달.

쓰는 순서 : 丿 ク 夂 冬 冬

도움말 : 사계절 중에서 맨 뒤에 오며[夂 뒤져올 치], 얼음이 어는[冫 얼음 빙] 계절
[夂+冫] 인 '겨울'을 뜻함.

한가지 동

부수 : 입 구(口)
총획 : 6획

同門동문 : 한 스승에게서 같이 배운 제자, 또는 같은 학교의 출신자.
同時동시 : 같은 때. 같은 시간. ¶**동시** 진행
同生동생 : 아우와 손아랫누이를 통틀어 일컫는 말.
同村동촌 : 같은 마을.

쓰는 순서 : 丨 冂 冂 同 同 同

도움말 : 여러 사람의 입[口 입 구]에서 나오는 의견이 겹쳐진다[冂 겹쳐덮을 모]는
[冂+口] 데서 '같다'는 뜻이 됨.

洞

골/마을 동
통할 통

- 부수 : 삼수변(氵)
- 총획 : 9획

洞口동구 : 마을 어귀.
洞里동리 : 마을.
洞長동장 : 동의 사무를 통할하는 사람.
洞門동문 : 동네 입구에 세운 문.

쓰는 순서 : 丶 丶 氵 氵 洌 洞 洞 洞 洞

도움말 물[氵=水 물 수]이 있는 곳에 사람들이 같이[同 같이할 동] 모여 사는 '마을'을 뜻함.
[氵+同]

動

움직일 동

- 부수 : 힘 력(力)
- 총획 : 11획

動物동물 : 생물을 크게 둘로 분류한 것의 하나. 길짐승·날짐승·물고기·벌레·사람 따위를 통틀어 이르는 말. ↔ 식물(植物).
動力동력 : 전력·수력·풍력 따위로 기계를 움직이게 하는 힘.
手動수동 : 다른 동력을 이용하지 않고 손으로 움직임.
生動생동 : 생기 있게 살아 움직임.

쓰는 순서 : 一 二 千 千 千 肓 重 重 重 動 動

도움말 무거운[重 무거울 중] 것을 힘들여[力 힘 력] '움직인다'는 뜻.
[重+力]

登

오를 등

- 부수 : 필발머리(癶)
- 총획 : 12획

登山등산 : 산에 오름. ↔ 하산(下山).
登校등교 : 학생이 학교에 감. ¶ 등교 시간에 늦다
登場등장 : 무대나 연단 위에 나타남. ¶ 무대에 등장하다
登記등기 : 민법상의 권리 또는 사실을 널리 밝히기 위하여 관련되는 일정 사항을 등기부에 적는 일.

쓰는 순서 : 丿 𠃌 𠃌 𠃌 𠀎 𠆢 癶 癶 登 登 登 登

도움말 발판[豆 콩 두(발판 모양)]을 밟고[癶 걸을 발] 높은 데에 '오른다'는 뜻.
[癶+豆]

來

올 래

- 부수 : 사람 인(人)
- 총획 : 8획

來年내년 : 올해의 다음 해. 명년(明年).
來日내일 : 오늘의 바로 다음날. 명일(明日). ↔ 어제.
來世내세 : 죽은 뒤에 영혼이 다시 태어나 산다는 미래의 세상.
外來語외래어 : 외국어에서 빌려 마치 국어처럼 쓰는 단어. 특히, 한자어 이외의 외국어가 국어화된 것.

쓰는 순서 一 厂 厂 丆 冴 來 來 來

도움말 보리 이삭의 모양을 본뜬 글자. 보리는 하늘에서 보내 왔다는 전설에서 '오다'의 뜻이 됨.

전서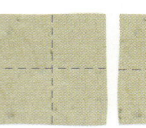

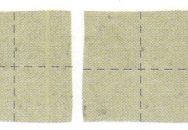  

力

힘 력

- 부수 : 힘 력(力)
- 총획 : 2획

國力국력 : 나라의 힘. ¶**국력** 신장
水力수력 : 물의 힘. ¶**수력** 발전
重力중력 : 지구 위의 물체가 지구 중심으로부터 받는 힘.
學力학력 : 학문상의 실력. 학습으로 쌓은 능력의 정도.
力道역도 : 역기를 들어 올려 그 기록을 겨루는 경기.

쓰는 순서 丁 力

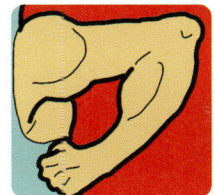

도움말 팔에 힘을 주었을 때 팔의 근육이 불룩해진 모양을 본뜬 글자.

전서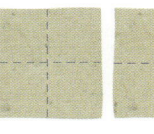

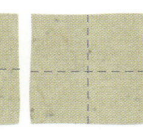  

老

늙을 로

- 부수 : 늙을 로(老)
- 총획 : 6획

老少노소 : 늙은이와 젊은이. ¶**노소**를 불문하다
老人노인 : 나이가 많은 사람. 늙은이.
老母노모 : 늙은 어머니. ¶**노모**를 모시다
老年노년 : 늙은 나이. ¶**노년**으로 접어들다
不老草불로초 : 먹으면 늙지 않는다는 약초.

쓰는 순서

도움말 허리가 굽은 노인이 지팡이를 짚고 서 있는 모양을 본뜬 글자.

전서

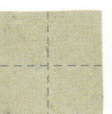 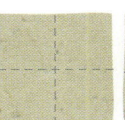   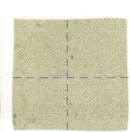

 마을 **리**

부수 : 마을 리(里)
총획 : 7획

里長이장 : 행정 구역의 하나인 리(里)의 사무를 맡아보는 사람.
萬里만리 : 1리의 만 배. 매우 먼 거리를 나타냄.
十里십리 : 약 4km에 해당됨.
里村이촌 : 마을.
海里해리 : 해상의 거리를 나타내는 단위.

쓰는 순서 : 丨 口 日 日 旦 里 里

도움말 농토[田 밭 전] 사이의 땅[土 흙 토]에 사람이 산다 하여 '마을'의 뜻이 됨. [田+土]

 수풀 **림**

부수 : 나무 목(木)
총획 : 8획

農林농림 : 농업과 임업.
山林산림 : 산과 숲. 산에 있는 숲. ¶산림 보호
國有林국유림 : 국가 소유의 산림. ↔ 사유림(私有林).

쓰는 순서 : 一 十 才 木 木 朴 材 林

도움말 나무[木 나무 목]와 나무[木]가 나란히 선 모양에서 '수풀'을 나타냄. [木+木]

설 **립**

부수 : 설 립(立)
총획 : 5획

自立자립 : 남에게 의지하거나, 남의 지배를 받거나 하지 않고 자기의 힘으로 해 나감. ¶자립 생활
中立중립 : 어느 쪽에도 치우치지 않고 중간에 섬.
直立직립 : 사람이나 물건 등이 똑바로 섬.
國立국립 : 나라에서 세움.

쓰는 순서 : 丶 亠 亠 立 立

도움말 땅[一] 위에 바로 선 사람의 모양을 본떠 '서다'의 뜻이 됨.

每 매양 매

부수 : 말 무(毋)

총획 : 7획

每日매일 : 날마다. 나날이. ¶**매일** 쓰는 일기
每年매년 : 해마다. 매해. ¶**매년** 풍년이 들다
每月매월 : 다달이. 달마다. 매달. ¶**매월** 내는 급식비
每事매사 : 하나하나의 일. 모든 일. ¶**매사**를 신중히 생각하다
每時매시 : 한 시간마다. '매시간'의 준말.

쓰는 순서 ノ ⺊ ⺊ 互 每 每 每

도움말 풀싹[⺊←屮 싹날 철]이 풀포기[母 어미 모]에서 잇달아 나온다 하여 '매양'의 뜻이 됨.
[⺊+母]

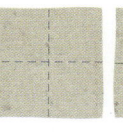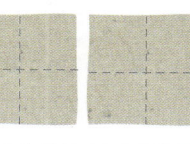

面 낯 면

부수 : 낯 면(面)

총획 : 9획

邑面읍면 : 읍과 면. 행정 단위.
場面장면 : 어떤 장소에서 벌어진 광경. ¶싸우는 **장면**
面民면민 : 면(面)의 주민.
面長면장 : 면의 행정을 주관하는 책임자.
全面전면 : 모든 면. 하나의 면 전체. ¶**전면** 광고

쓰는 순서 一 ㄱ ㄲ 而 而 而 面 面 面

 도움말 사람의 얼굴을 본뜬 글자.

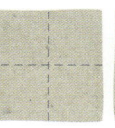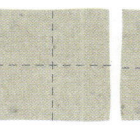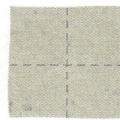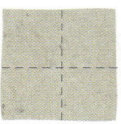

名 이름 명

부수 : 입 구(口)

총획 : 6획

有名유명 : 이름이 있음. 이름이 널리 알려져 있음.
名門명문 : 문벌이 좋은 집안. 명가(名家).
名山명산 : 이름난 산.
名色명색 : 실속 없이 그럴듯하게 불리는 허울만 좋은 이름.
地名지명 : 땅의 이름. 지방·지역 등의 이름.

쓰는 순서 ノ ク タ 夕 名 名

 **도움말** 저녁[夕 저녁 석]에는 보이지 않아 입[口 입 구]으로 '이름'을 부른다는 뜻
[夕+口] 에서 나온 글자.

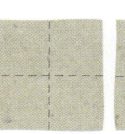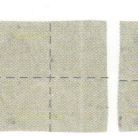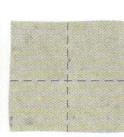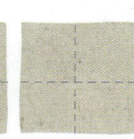

 목숨　명

부수 : 입 구(口)
총획 : 8획

生命생명 : 살아 있기 위한 힘의 바탕이 되는 것. 목숨.
天命천명 : 타고난 수명. ¶**천명**이 다하다
王命왕명 : 임금의 명령. ¶**왕명**을 거역하다
人命인명 : 사람의 목숨.

쓰는 순서 ノ 人 亼 亼 合 合 命 命

도움말 말[口 입 구]로써 명령[令 명령할 령]을 내려 일을 시킨다는 데서 '명령하다', '목숨'의 뜻이 됨.
[口+令]

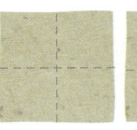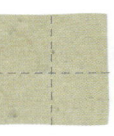

 글월　문

부수 : 글월 문(文)
총획 : 4획

文物문물 : 법률·학문·예술 따위의 문화 산물. ¶서양 **문물**
文學문학 : 사상이나 감정을 언어로 표현한 예술.
文敎문교 : 문화와 교육을 아울러 이르는 말.
市民文學시민문학 : 근대 시민 계급의 의식을 반영한 문학.
文字문자 : 글자.

쓰는 순서 丶 亠 ナ 文

도움말 획을 이리저리 그어 만든 '글자'의 모양을 본뜬 글자.

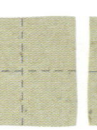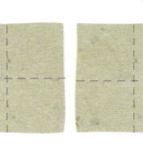

 물을　문

부수 : 입 구(口)
총획 : 11획

自問자문 : 스스로 자신에게 물음.
學問학문 : 지식을 배워서 익힘, 또는 그 일. ¶**학문**에 정진하다
東問西答동문서답 : 동쪽을 묻는데 서쪽을 대답한다는 뜻으로, 묻는 말에 대하여 아주 딴판인 엉뚱한 대답을 이르는 말.

쓰는 순서 ｜ 卩 卩 戸 戸 門 門 門 問 問

도움말 문[門 문 문]에 들어서면서 안부의 말[口 입 구]을 한다 하여 '묻다'의 뜻이 됨.
[門+口]

物

물건 물

부수 : 소 우(牛)

총획 : 8획

植物식물 : 생물계를 둘로 분류한 것의 하나. ↔ 동물(動物).
萬物만물 : 온갖 물건.
人物인물 : 사람의 생김새. ¶**인물**이 잘났다
物心물심 : 물질과 정신.
事物사물 : 일이나 물건. ¶**사물**을 보는 눈이 날카롭다

쓰는 순서 ノ 𠂉 𠂉 牛 牜 牞 物 物

도움말 소[牛 소 우]는 농가의 재산 중 대표적인 '물건'이라는 뜻.
[牛+勿]

 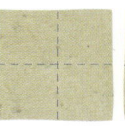 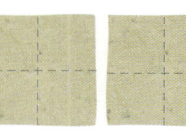  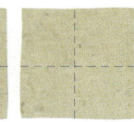

方

모 방

부수 : 모 방(方)

총획 : 4획

四方사방 : 동·서·남·북의 네 방향.
地方지방 : 한 나라의 수도나 대도시 이외의 고장.
東方동방 : 동쪽. 동쪽 지방. ↔ 서방(西方).
西方서방 : 서쪽. 서쪽 방향.
八方팔방 : 이곳저곳, 모든 방면. ¶**팔방**으로 수소문하다

쓰는 순서 ﹅ 亠 方 方

도움말 두 척의 배를 나란히 붙인 모양을 본떠, 그 주위가 네모져 보인다는 데서 '모나다', '나란하다'의 뜻이 됨.

 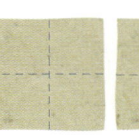 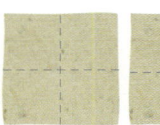  

百

일백 백

부수 : 흰 백(白)

총획 : 6획

百姓백성 : '국민'의 예스러운 말.
百年백년 : 한 해의 백 배. 한평생. 오랜 세월.
百萬백만 : 만의 백 배.
萬百姓만백성 : 모든 백성.
百方백방 : 온갖 방법. 여러 방면. ¶**백방**으로 수소문하다

쓰는 순서 一 𠂉 ア 石 百 百

도움말 하나[一 한 일]에서 '일백'까지 세며 크게 외쳐[白 고할 백] 일단락 지은 데
[一+白] 서 그 뜻이 된 글자.

     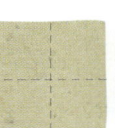 

夫

지아비 부

- 부수 : 큰 대(大)
- 총획 : 4획

兄夫형부 : 언니의 남편. ↔ 제부(弟夫).
夫人부인 : 남을 높이어 그의 '아내'를 일컫는 말.
農夫농부 : 농업에 종사하는 사람. 농사꾼.
工夫공부 : 학문이나 기술을 배우거나 닦음.

쓰는 순서 : 一 二 尹 夫

도움말 [一+大] 상투에 동곶[一]을 꽂은 사람[大(사람 모양)]은 장가든 사내라 하여 '지아비'의 뜻이 됨.

 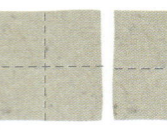  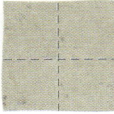

不

아닐 불/부

- 부수 : 한 일(一)
- 총획 : 4획

不便불편 : 어떤 것을 사용하거나 이용하는 것이 거북하거나 괴로움. ¶**불편**을 겪다
不正부정 : 바르지 않음. 바르지 못한 일. ¶**부정**한 행위
不安불안 : 걱정이 되어 마음이 편하지 아니함. ¶**불안**한 표정
不平불평 : 마음에 들지 않아 못마땅하게 여김.

쓰는 순서 : 一 丆 才 不

 도움말 새가 하늘[一] 높이 올라가[↑] 보이지 않는다는 데서 '아니하다'의 뜻이 됨.

 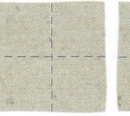 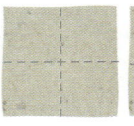   

事

일 사

- 부수 : 갈고리 궐(亅)
- 총획 : 8획

萬事만사 : 모든 일. 온갖 일. ¶**만사**가 순조롭다
家事가사 : 집안 살림에 관한 일. ¶**가사**를 돕다
國事국사 : 나라의 중대한 일. ¶**국사**를 의논하다
軍事군사 : 군대·군비·전쟁 따위에 관한 일.
農事농사 : 곡류·채소·과일 등을 심어 가꾸는 일. ¶벼 **농사**

쓰는 순서 : 一 丆 戸 日 戸 写 写 事

 도움말 깃발을 들고 일터로 나가는 모양을 본뜬 글자.

 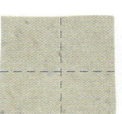 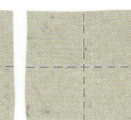  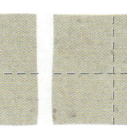 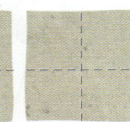

算

셈 산

부수 : 대 죽(竹)
총획 : 14획

算數산수 : 지난날, 초등학교 교과의 한 가지. 수량이나 도형의 기초적인 원리·법칙 등을 가르쳤음.
算出산출 : 계산해 냄. 셈함. ¶**산출**된 자료
電算전산 : 전자계산기. 컴퓨터. ¶**전산** 처리
算入산입 : 셈하여 넣음.

쓰는 순서: 算算筋筋筋筋筋筲筲筲筲算算算

도움말 [竹+具] : 대나무[竹 대 죽] 가지를 갖추어[具 갖출 구] 계산을 한다 하여 '셈하다'의 뜻이 됨.

上

위 상

부수 : 한 일(一)
총획 : 3획

祖上조상 : 같은 혈통으로 된, 할아버지 이상의 대대의 어른.
上下상하 : 위와 아래. 위아래. ¶**상하** 좌우로 흔들다
水上수상 : 물 위. ¶**수상** 보트
海上해상 : 바다 위. ¶**해상** 훈련
地上지상 : 땅의 위. 지면.

쓰는 순서: ㅣ ㅏ 上

도움말 : 기준선[一] 윗부분에 점[·]을 표시하여 '위'라는 뜻을 나타냄.

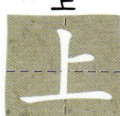

色

빛 색

부수 : 빛 색(色)
총획 : 6획

靑色청색 : 푸른빛.
月色월색 : 달빛.
同色동색 : 같은 빛깔. 같은 파벌. ¶초록은 **동색**이다
氣色기색 : 얼굴에 나타난 마음속의 생각이나 감정 따위. ¶싫은 **기색**을 하다

쓰는 순서: ノ ク ⺈ 名 各 色

도움말 [⺈+巴] : 무릎 꿇는[巴←卩(무릎 꿇은 모양)] 사람[⺈←人 사람 인] 위에 사람이 있는 모양에서, 남녀의 애정의 뜻을 나타냄. '낯빛', '여색'의 뜻.

한자능력검정시험 7급

 **저녁 석**

부수 : 저녁 석(夕)

총획 : 3획

七夕칠석 : 음력 칠월 초이렛날의 밤.(이날 밤에 견우와 직녀가 1년 만에 오작교에서 만난다는 전설이 있음.)

秋夕추석 : 한가위. ¶**추석** 명절

쓰는 순서 : ノ ク 夕

도움말 : 저무는 하늘에 희게 뜬 반달 모양을 본뜬 글자.

   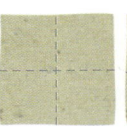  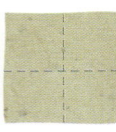 

성 성

부수 : 계집 녀(女)

총획 : 8획

姓名성명 : 성과 이름.

同姓동성 : 같은 성씨. ↔ 이성(異姓).

쓰는 순서 : く 女 女 女 女 妒 姓 姓

도움말 [女+生] : 여자[女 계집 녀]로부터 태어난[生 날 생] 같은 혈족이라는 데서 '성씨'를 뜻함.

인간 세

부수 : 한 일(一)

총획 : 5획

中世중세 : 역사 시대의 구분에서, 고대와 근대의 중간 시대.

出世출세 : 사회적으로 높이 되거나 유명해짐. ¶**출세**가 빠르다

後世후세 : 뒤의 세상. 뒷세상. ¶**후세**에 남기다

世上세상 : 사회. 세간(世間). ¶**세상**에 널리 알려지다

世上萬事세상만사 : 세상의 온갖 일.

쓰는 순서 : 一 十 卄 卋 世

도움말 : '인간'의 활동 기간은 대략 30년이라는 데서 십[十 열 십]을 셋 합친 모양을 변형하여 만든 글자.

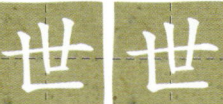  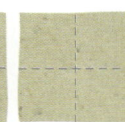 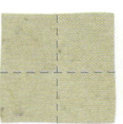  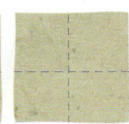

적을/젊을 **소**

- 부수 : 작을 소(小)
- 총획 : 4획

少年소년 : 아주 어리지도 않고 완전히 자라지도 않은 남자 아이. ¶**소년**이여, 야망을 가져라 ↔ 소녀(少女).
少女소녀 : 아주 어리지도 않고 성숙하지도 않은 여자 아이.
少數소수 : 적은 수효. ¶**소수**의 의견
年少연소 : 나이가 젊음. ¶신랑이 신부보다 **연소**하다

쓰는 순서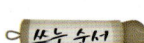

도움말 작은 것[小 작을 소]의 일부가 끊어져[丿 삐칠 별] 그 양이 더욱 줄은 데서 [小+丿] '적다'는 뜻이 됨.

  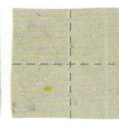   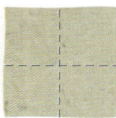

바 **소**

- 부수 : 지게 호(戶)
- 총획 : 8획

場所장소 : 무엇이 있거나 무슨 일이 벌어지거나 하는 곳. ¶아무리 좋은 말이라도 때와 **장소**를 가려서 해라
住所주소 : 사람이 자리를 잡아 살고 있는 곳.
所有소유 : 자기의 것으로 가짐, 또는 가지고 있음. ¶개인 **소유**의 물건
名所명소 : 경치나 고적 따위로 널리 알려진 곳. ¶관광의 **명소**

쓰는 순서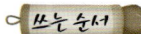

도움말 도끼[斤 도끼 근]에 찍힌 나무의 자국이 외짝문[戶 지게문 호]과 같다는 데 [戶+斤] 서 '곳', '바'의 뜻이 됨.

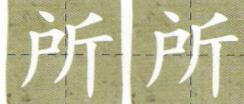 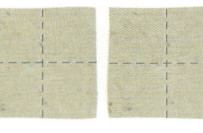  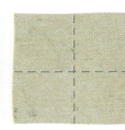 

손 **수**

- 부수 : 손 수(手)
- 총획 : 4획

手足수족 : 손발. ¶**수족**이 멀쩡하다
手中수중 : 손 안. ¶**수중**에 있는 돈
手工수공 : 손으로 하는 공예.
木手목수 : 나무를 다루어 집을 짓거나 가구, 기구 따위를 만드는 일을 업으로 하는 사람.

쓰는 순서 ノ 二 三 手

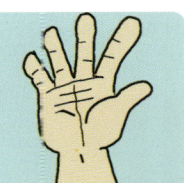

도움말 다섯 개의 손가락과 손바닥, 그리고 팔목을 본뜬 글자.

     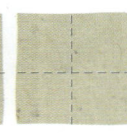

數

셈 수
자주 삭

부수 : 등글월문(攵)
총획 : 15획

數學수학 : 수량 및 도형의 성질이나 관계를 연구하는 학문.
數日수일 : 이삼 일 또는 사오 일. 며칠. ¶**수일** 후에 만나다
數字수자(→숫자) : 수를 나타내는 글자.
同數동수 : 같은 수효.
數千萬수천만 : 천만의 두서너 배가 되는 수. ¶**수천만** 유권자

쓰는 순서 ˋ 口 田 田 甲 串 昌 串 婁 婁 婁 婁 數 數 數

도움말
[婁+攵]
어리석은[婁 어리석을 루] 여자가 물건을 툭툭 치면서[攴=攵 칠 복] 하나, 둘 '센다'는 뜻.

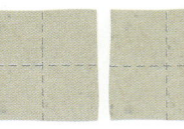 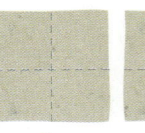 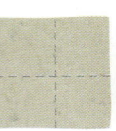 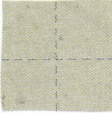

市

저자 시

부수 : 수건 건(巾)
총획 : 5획

市場시장 : 여러 가지 상품을 팔고 사는 장소. ¶재래 **시장**
市長시장 : 시를 대표하고 시의 행정을 관장하는 직, 또는 그 직에 있는 사람.
市民시민 : 시에 살고 있는 사람. 시의 주민. ¶서울 **시민**

쓰는 순서 ˋ 亠 宀 市 市

도움말
[亠+巾]
시장을 갈 때 수건[巾 수건 건]을 두르고 간다[亠←之 갈 지]는 데서 '시장'을 뜻함.

 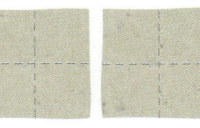 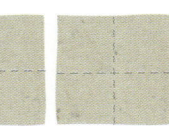  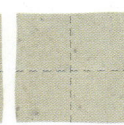

時

때 시

부수 : 날 일(日)
총획 : 10획

時間시간 : 어떤 시각에서 다른 시각까지의 동안, 또는 그 길이. ¶**시간**이 흐르다
時空시공 : 시간과 공간.
時事시사 : 그때그때의 세상의 정세나 일어난 일. ¶**시사** 상식
午時오시 : 오전 11시~오후 1시.

쓰는 순서 丨 冂 曰 日 日⁻ 日⁺ 旷 旷 時 時

도움말
[日+土+寸]
해[日 해 일]가 규칙적[寸 마디 촌]으로 간다[土←之 갈 지]고 하여 '때'를 뜻함.

  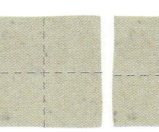 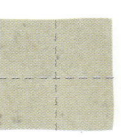 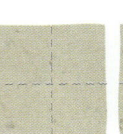 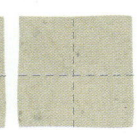

食

밥/먹을 식

부수 : 밥 식(食)
총획 : 9획

食事식사 : 사람이 끼니로 음식을 먹는 일, 또는 그 음식.
食水식수 : 먹는 물. ¶식수를 공급하다
外食외식 : 끼니 음식을 음식점 등에 가서 사서 먹는 일.
食前식전 : 밥을 먹기 전. ↔ 식후(食後).
間食간식 : 끼니와 끼니 사이에 음식을 먹음, 또는 그 음식.

쓰는 순서: 丿 人 𠆢 今 今 令 食 食 食

도움말 그릇에 음식이 담겨 있는 모양을 본뜬 글자.

  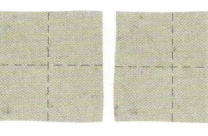

植

심을 식

부수 : 나무 목(木)
총획 : 12획

植木식목 : 나무를 심음, 또는 그 나무.
植木日식목일 : 산림녹화 등을 위하여 해마다 나무를 심도록 정한 날. 매년 4월 5일.
植民地식민지 : 본국의 밖에 있으면서 본국의 특수한 지배를 받는 지역. ¶강대국이 약소국을 **식민지**화하였다

쓰는 순서: 一 十 才 木 杧 杧 杧 桁 植 植 植 植

도움말 나무[木 나무 목]를 곧게[直 곧을 직] 세워 심는다는 데서 '심다'의 뜻이 됨. [木+直]

 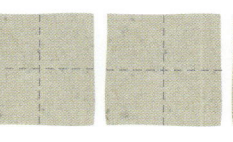

心

마음 심

부수 : 마음 심(心)
총획 : 4획

民心민심 : 백성들의 마음. ¶**민심**은 천심(天心)
小心소심 : 대담하지 못하고 겁이 많음. ¶**소심**한 성격
中心중심 : 한가운데. 한복판. ¶사물의 **중심**
同心동심 : 마음을 같이함, 또는 같은 마음.
農心농심 : 농부의 마음. ¶**농심**을 살피다

쓰는 순서: 丶 心 心 心

도움말 심장의 모양을 본뜬 글자로, '마음'의 뜻을 나타냄.

 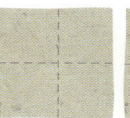

편안 안

- 부수 : 갓머리(宀)
- 총획 : 6획

安心안심 : 근심 걱정이 없이 마음을 놓음.
安全안전 : 위험하지 않음. 위험이 없음. ¶**안전**한 상태
平安평안 : 무사하여 마음에 걱정이 없음. ¶**평안**한 마음
安住안주 : 자리를 잡아 편안하게 삶. ¶**안주**의 땅을 구하다
問安문안 : 웃어른에게 안부를 물음. ¶**문안** 편지를 올리다

쓰는 순서 ﾞ ﾞ 宀 宷 安 安

도움말 [宀+女]
집[宀 집 면] 안에 여자[女 계집 녀]가 있어야 그 집안이 '편안하다' 는 뜻.

 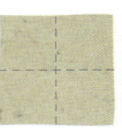 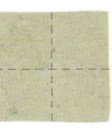  

말씀 어

- 부수 : 말씀 언(言)
- 총획 : 14획

國語국어 : 자기 나라의 말. 나라말. 우리나라의 언어. 한국어. ¶**국어** 선생
語文어문 : 말과 글을 아울러 이르는 말. ¶**어문** 정책
語學어학 : 어떤 나라의 언어, 특히 문법을 연구하는 학문.

쓰는 순서 ﾞ ﾞ ﾞ 言 言 言 言 訂 訂 語 語 語 語 語

도움말 [言+吾]
말[言 말씀 언]로 자기[吾 나 오]의 의견을 나타낸다 하여 '말' 을 뜻함.

    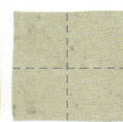

그럴 연

- 부수 : 불 화(灬)
- 총획 : 12획

自然자연 : 사람의 손에 의하지 않고서 존재하는 것이나 일어나는 현상. ¶**자연**의 혜택
天然천연 : 사람이 손대거나 달리 만들지 아니한, 자연 그대로의 상태. ¶**천연**의 아름다운 경관

쓰는 순서 ﾞ ﾞ 夕 夕 夕 然 然 然 然 然 然 然

도움말 [夕+犬+灬]
개[犬 개 견] 고기[[夕←肉 고기 육]]를 불[灬=火 불 화]에 그슬려 먹는 것은 당연하다 하여 '그러하다' 의 뜻이 됨.

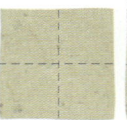  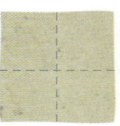 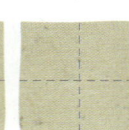 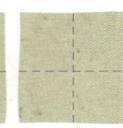

낮 오

- 부수 : 열 십(十)
- 총획 : 4획

正午정오 : 낮 열두 시. ¶**정오**를 알리는 종소리
午前오전 : 해가 뜰 때부터 정오까지의 시간. ↔ 오후(午後).
午後오후 : 정오부터 해가 질 때까지의 동안.
下午하오 : 낮 열두 시부터 밤 열두 시까지의 사이. 오후(午後). ↔ 상오(上午).

쓰는 순서 ノ ⺊ 二 午

도움말 午는 원래 杵(공이 저)의 본자로, 절구질을 하다가 절굿공이를 세워 그림자로 점심때를 알았던 데서 '한낮', '정오'의 뜻이 됨.

 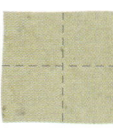 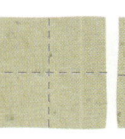   

오른 우

- 부수 : 입 구(口)
- 총획 : 5획

右軍우군 : 지난날, 중군(中軍)의 오른쪽에 진을 친 군대, 곧 우익의 군대. 우익군(右翼軍)의 준말.
右手우수 : 오른손.

쓰는 순서 ノ ナ オ 右 右

도움말 말[口 입 구]과 함께 곧 움직여 돕는 손[ナ←又 오른손 우]은 '오른쪽' 손이라는 뜻. [ナ+口]

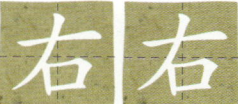 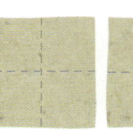 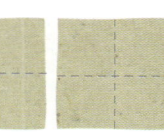  

있을 유

- 부수 : 달 월(月)
- 총획 : 6획

有力유력 : 힘이 있음. 세력이 있음. ↔ 무력(無力). ¶**유력**한 사람
國有국유 : 국가의 소유. ↔ 사유(私有).
有色유색 : 빛깔이 있음. ↔ 무색(無色).

쓰는 순서 ノ ナ オ 冇 有 有

도움말 손[ナ←又 오른손 우]에 고기[月←肉 고기 육]를 가지고 '있다'는 뜻의 글자. [ナ+月]

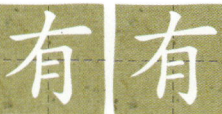     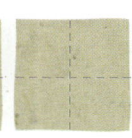

育
육
邑
읍
入
입

育

기를 **육**

부수 : 고기 육(月〈肉〉)
총획 : 8획

教育교육 : 지식과 기술 따위를 가르치며 인격을 길러 줌. ¶학교 **교육**
生育생육 : 낳아서 기름.

쓰는 순서 : 一 亠 云 去 产 育 育 育

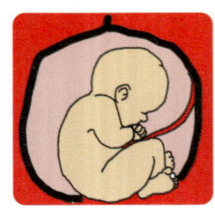

도움말 [去+月] 갓 태어난 아기[去(갓난아기의 모양)]의 연약한 몸[月=肉 고기 육]을 튼튼하게 잘 자라도록 '기른다'는 뜻.

邑

고을 **읍**

부수 : 고을 읍(邑)
총획 : 7획

邑民읍민 : 읍내에 사는 사람.
邑村읍촌 : 읍에 속한 마을.
小邑소읍 : 작은 읍. 작은 고을.
邑長읍장 : 읍의 행정 사무를 통할하는 책임자.
邑內읍내 : 읍의 구역 안.

쓰는 순서 : 丨 口 口 口 무 吊 邑 邑

도움말 [口+巴] 일정하게 둘러싸인 곳[口]에 사람[巴(편안히 앉아 쉬는 사람의 모양)]들이 모여 사는 '고을'을 뜻함.

入

들 **입**

부수 : 들 입(入)
총획 : 2획

出入출입 : 드나듦. ¶**출입** 금지
入學입학 : 학교에 들어가 학생이 됨. ¶초등학교에 **입학**하다
入金입금 : 돈이 들어옴. 또는 들어온 돈. ↔ 출금(出金).
入門입문 : 어떤 학문을 배우려고 처음 들어감. 또는 그 과정.
入山입산 : 산에 들어감. ↔ 하산(下山). ¶**입산** 금지

쓰는 순서 : 丿 入

도움말 전서 入 초목의 뿌리가 땅 속으로 파고 들어가는 모양을 본떠 '들어가다'의 뜻이 됨.

子

아들 자

- 부수 : 아들 자(子)
- 총획 : 3획

父子부자 : 아버지와 아들.
子母자모 : 아들과 어머니. 모자(母子).
王子왕자 : 임금의 아들. ↔ 왕녀(王女). ¶어린 **왕자**
長子장자 : 맏아들. 장남(長男).
子女자녀 : 아들과 딸. 아들딸.

쓰는 순서 ㄱ 了 子

도움말 양팔을 벌린 어린아이의 모양을 본뜬 글자.

 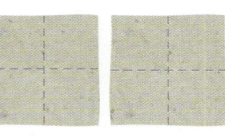

字

글자 자

- 부수 : 아들 자(子)
- 총획 : 6획

漢字한자 : 중국어를 표기하는 중국 고유의 문자. 표의적(表意的) 음절 문자로 우리나라, 일본 등지에서도 널리 쓰이고 있음.
字母자모 : 한 개의 음절을 자음과 모음으로 갈라서 적을 수 있는 낱낱의 글자.
八字팔자 : 사람의 한 평생의 운수. ¶**팔자**가 기구하다

쓰는 순서 ㆍ ㆍ 宀 宁 字 字

[宀+子]

도움말 집[宀 집 면] 안에 아이들[子 아들 자]이 갈수록 늘듯이, '글자'도 점점 체계지어져 늘어난다는 뜻.

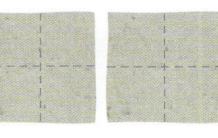

自

스스로 자

- 부수 : 스스로 자(自)
- 총획 : 6획

自動자동 : 기계 따위가 제힘으로 움직임. ¶**자동** 장치
自足자족 : 스스로 만족하게 여김, 또는 그 만족. ¶자급 **자족**
自主자주 : 남의 도움이나 간섭을 받지 아니하고 자신의 일을 스스로 처리하는 일. ¶**자주** 국방

쓰는 순서 ㆍ ㆍ 自 自 自 自

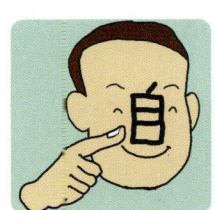

도움말 코를 정면에서 본 모양을 본뜬 글자로, 자신을 가리킬 때 손가락으로 코를 가리킨 데서 '스스로'의 뜻이 됨.

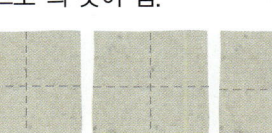

 **마당 장**

부수 : 흙 토(土)
총획 : 12획

場內장내 : 어떠한 장소의 안. 회장(會場)의 내부. ↔ 장외(場外). ¶**장내** 아나운서
場外장외 : 일정하게 구획된 공간이나 회장(會場)의 바깥. ¶**장외** 홈런을 날리다
入場입장 : 회장이나 식장·경기장 따위의 장내에 들어감.

쓰는 순서 : 一 十 土 圤 圻 坩 坦 坦 堨 場 場 場

도움말 : 햇볕[昜 볕 양]이 잘 드는 넓은 땅[土 흙 토]은 '마당', '곳'이라는 뜻.
[土+昜]

 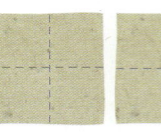   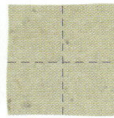

 **온전 전**

부수 : 들 입(入)
총획 : 6획

全國전국 : 한 나라의 전체. 온 나라. ¶**전국** 각지를 돌다
全軍전군 : 한 나라 군대의 전체. ¶**전군**에 공격 명령을 내리다
全南전남 : 전라남도.
全力전력 : 가지고 있는 모든 힘. 있는 힘. 온 힘. ¶**전력** 질주

쓰는 순서 : 丿 入 𠆢 仝 全 全

도움말 : 옥[王←玉 옥 옥]은 귀한 물건이라 잘 들여놓아야[入 들 입] '온전하다'는 뜻.
[入+王]

 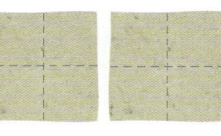   

 **앞 전**

부수 : 칼 도(刂)
총획 : 9획

前後전후 : 앞뒤. ¶**전후**를 살피다
直前직전 : 바로 앞. 일이 생기기 바로 전. ↔ 직후(直後).
生前생전 : 살아 있는 동안. ↔ 사후(死後). ¶**생전**에 거처하던 방
前面전면 : 앞쪽 면. 앞면. ↔ 후면(後面).
事前사전 : 무슨 일이 있기 전. ↔ 사후(事後). ¶**사전**에 알리다

쓰는 순서 : 丶 丷 䒑 𠂉 䒑 歬 歬 前 前

도움말 : 배가 물을 가르며[刂=刀 칼 도] 앞[歬←歬 앞 전]으로 나간다 하여 '앞' 을 뜻하게 됨.
[歬+刂]

 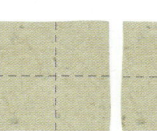  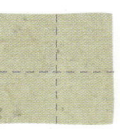 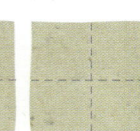 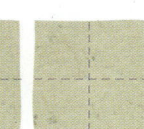

電

번개/전기 전

- 부수 : 비 우(雨)
- 총획 : 13획

電話전화 : 전화기로 말을 주고받는 일. ¶**전화**를 걸다
電氣전기 : 전자의 이동으로 생기는 에너지의 한 형태.
電動전동 : 전기의 힘으로 움직임.
電力전력 : 전류가 단위 시간에 하는 일. ¶**전력** 공급
電子전자 : 원자를 이루는 기본적 소립자의 한 가지.

쓰는 순서 一 ｢ 厂 币 币 雨 雨 雷 雷 雷 雷 電 電

도움말 [雨+电] 비[雨 비 우]가 내릴 때 번쩍이며 빛을 펼치는[电←申 펼 신] 모양에서 '번개', '번쩍이다'의 뜻이 됨.

正

바를 정

- 부수 : 그칠 지(止)
- 총획 : 5획

正門정문 : 건물의 정면에 있는 문. ↔ 후문(後門).
正月정월 : 한 해의 첫째 달. 원월(元月). 일월(一月).
正面정면 : 똑바로 마주 보이는 면. ¶**정면**에 보이는 건물
正數정수 : '양수(陽數)'의 구용어.
子正자정 : 십이시의 자시(子時)의 한가운데. 곧, 밤 12시.

쓰는 순서 一 丁 下 下 正

도움말 [一+止] 사람이 두 발[止 발 지]을 한데[一 한 일] 모아 곧바로 서 있다는 데서 '바르다'의 뜻이 됨.

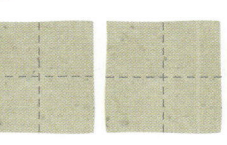

祖

할아버지 조

- 부수 : 보일 시(示)
- 총획 : 10획

祖母조모 : 할머니.
祖父조부 : 할아버지.
先祖선조 : 한집안의 시조. 한집안의 조상.
祖國조국 : 조상 때부터 살아온 나라. 자기가 태어난 나라.
祖父母조부모 : 할아버지와 할머니.

쓰는 순서 一 二 亍 テ 示 利 初 初 祖 祖

도움말 [示+且] 사당에 위패[示(제물을 차려놓은 제단 모양)]가 차례차례 쌓여[且 많을 저] 있는 모양에서 '조상', '할아버지'를 나타냄.

足

발 족

- 부수 : 발 족(足)
- 총획 : 7획

不足부족 : 어떤 한도에 모자람. 넉넉하지 않음. ¶연습 **부족**
四足사족 : 짐승의 네 발. 사지(四肢)를 속되게 이르는 말. ¶**사족**을 못쓰다
長足장족 : 기다랗게 생긴 다리.

쓰는 순서 ㅣ ㅁ ㅁ ㅁ 므 묘 足 足

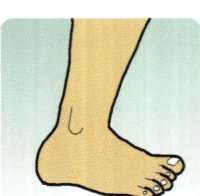
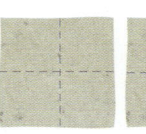

도움말 사람의 발과 발목 부분의 모양을 본뜬 글자.

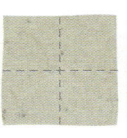 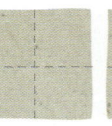 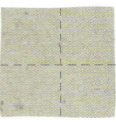 

左

왼 좌

- 부수 : 장인 공(工)
- 총획 : 5획

左右좌우 : 왼쪽과 오른쪽. 곁, 또는 옆. ¶**좌우** 날개 / **좌우**를 살피다
左手좌수 : 왼손. ↔ 우수(右手).

쓰는 순서 一 ナ 左 左 左

도움말 목수가 왼손[ナ←ᆢ 왼손 좌]에 공구[工(자 또는 공구의 모양)]를 들고 일 [ナ+工] 하는 모양에서 '왼쪽'의 뜻이 됨.

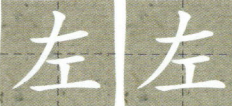 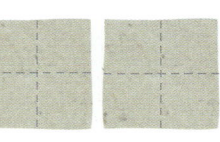 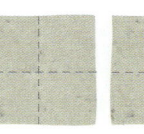 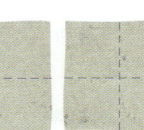

主

임금/주인 주

- 부수 : 점 주(丶)
- 총획 : 5획

主人주인 : 한 집안을 꾸려 나가는 주되는 사람.
主動주동 : 어떤 일에 주장이 되어 행동함. ¶파업을 **주동**하다
主食주식 : 평소의 끼니에서 주되는 음식. ¶쌀을 **주식**으로 하는 식생활
車主차주 : 차의 주인.

쓰는 순서 ㆍ 亠 ㅗ 丰 主

도움말 등잔의 모양을 본뜬 글자로, 촛대가 방 가운데 고정되어 있듯이 한 집에 고정적으로 사는 사람은 '주인'이라는 뜻.

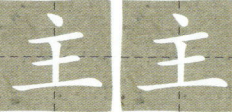  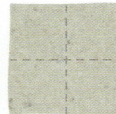   

住

살 주

부수 : 사람 인(亻)

총획 : 7획

住民주민 : 일정한 곳에 자리를 잡고 사는 국민. ¶**주민** 등록
入住입주 : 특정한 땅이나 집 등에 들어가 삶. ¶아파트 단지에 **입주**하다
衣食住의식주 : 인간 생활의 세 가지 요소인 옷·음식·집을 아울러 이르는 말.

쓰는 순서 ノ 亻 亻' 亻⸝ 亻⸍ 住 住

도움말 사람[亻=人 사람 인]은 일정한 곳에 주[主 주인 주]로 머물러 산다는 데서 [亻+主] '살다', '머무르다'의 뜻이 됨.

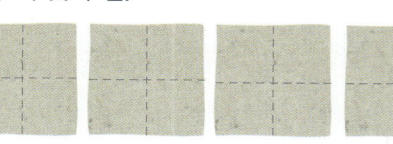

重

무거울 중

부수 : 마을 리(里)

총획 : 9획

重大중대 : 가볍게 여길 수 없을 만큼 아주 중요함. ¶**중대**한 대책을 세우다
二重이중 : 두 겹. 두 번 거듭되거나 겹침. ¶세금을 **이중**으로 내다
自重자중 : 말이나 행동, 몸가짐 따위를 신중하게 함.

쓰는 순서 ノ 一 二 千 台 台 盲 盲 重 重

도움말 사람이 등에 무거운 짐을 지고 선 모양을 본떠 '무겁다'의 뜻이 됨.

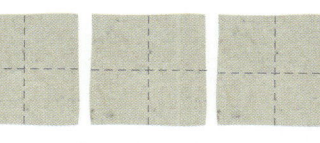

地

땅 지

부수 : 흙 토(土)

총획 : 6획

天地천지 : 하늘과 땅. ¶눈이 온 **천지**를 뒤덮었다
土地토지 : 땅. 흙. 토양. 토질. ¶비옥한 **토지**
農地농지 : 농사를 짓는 데 쓰이는 땅. 농토(農土). ¶**농지** 개간
地下지하 : 땅속이나 땅속을 파고 만든 구조물의 공간.
大地대지 : 대자연의 넓고 큰 땅. ¶광활한 **대지**

쓰는 순서 一 十 土 圡' 圡⁀ 地

도움말 땅[土 흙 토]의 모양이 뱀이 서리고 있는 것[也 어조사 야(뱀의 모양)] 같이 [土+也] 꾸불꾸불 이어져 있다는 데서 나온 글자.

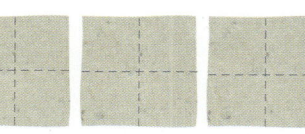

紙

종이 지

- 부수 : 실 사(糸)
- 총획 : 10획

便紙편지 : 상대편에게 전하고 싶은 일 등을 적어 보내는 글. 서간. 서신. 서한. ¶안부 **편지**
白紙백지 : 흰 빛깔의 종이. 아무것도 쓰지 않은 종이.
休紙휴지 : 못 쓰게 된 종이. 폐지.
紙面지면 : 종이의 겉면. 글이나 기사가 실린 종이의 면.

쓰는 순서 〈 ㄠ ㄠ 幺 糹 糸 糽 紅 紙 紙

도움말 [糸+氏]
가는 실[糸 실 사]이 나무 뿌리[氏(땅 속으로 뻗어내린 뿌리 모양)]처럼 얽혀 만들어진 것이 '종이'라는 뜻.

直

곧을 직

- 부수 : 눈 목(目)
- 총획 : 8획

直入직입 : 다른 곳에 들르거나 머무르지 아니하고 목적하는 곳에 곧장 들어가거나 들어옴.
日直일직 : 그날그날의 당직. ¶내가 오늘 **일직**이다
直面직면 : 어떠한 사태에 직접 부닥침. ¶어려움에 **직면**하다
正直정직 : 마음이 바르고 곧음.

쓰는 순서 一 十 十 古 古 吉 直 直

도움말 [十+目+ㄴ]
열[十 열 십] 사람의 눈[目 눈 목]으로 보면 숨김[ㄴ ←隱 숨을 은]없이 볼 수 있어 곧은지 알 수 있다는 데서 '곧다', '바르다'의 뜻이 됨.

千

일천 천

- 부수 : 열 십(十)
- 총획 : 3획

千年천년 : '어느 세월에'라는 뜻으로 나타내는 말. ¶어느 **천년**에 그 빚을 다 갚느냐
千萬천만 : 만의 천 배가 되는 수. ¶**천만** 도민
三千삼천 : 불교의 천태종에서, 모든 만물을 통틀어 이르는 말.
千萬金천만금 : 아주 많은 돈이나 값어치.

쓰는 순서 ノ 二 千

도움말 [亻+一]
사람[亻=人 사람 인]의 몸에 획[一]을 그어 '일천'을 나타냄.

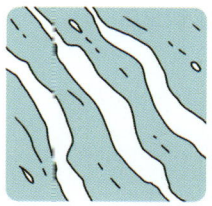 내 **천**

부수 : 개미허리(巛)

총획 : 3획

山川산천 : 산과 내. 자연, 또는 자연의 경치. ¶고향 산천
山川草木산천초목 : 산과 내와 풀과 나무, 곧 '자연'을 이르는 말.
春川춘천 : 강원도 중서부에 있는 시.

쓰는 순서 ノ 丿丨 川

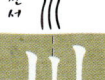

도움말 흐르는 냇물의 모양을 본뜬 글자.

  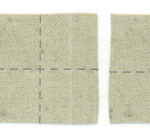 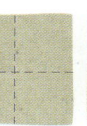  

 하늘 **천**

부수 : 큰 대(大)

총획 : 4획

青天청천 : 푸른 하늘.
先天선천 : 태어날 때부터 몸에 지니고 있는 것. ↔ 후천(後天).
天年천년 : 타고난 수명. 천명(天命).
後天후천 : 성질·체질·질병 따위를 태어난 뒤의 여러 가지 경험이나 지식을 통해 지니게 되는 일. ↔ 선천(先天).

쓰는 순서 一 二 チ 天

도움말 사람[大(사람의 모양)]의 머리 위에 있는 것[一]은, 곧 '하늘'이라는 뜻.

  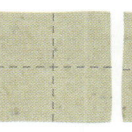 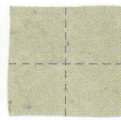 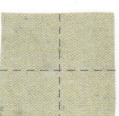 

 풀 **초**

부수 : 초두(艹)

총획 : 10획

花草화초 : 꽃이 피는 풀과 나무, 또는 관상용의 식물.
草木초목 : 풀과 나무. ¶초목이 무성한 산야
水草수초 : 물풀.
草地초지 : 방목하기 좋은 넓은 풀밭.

쓰는 순서 一 十 十 艹 艹 艹 芦 芦 苩 草

도움말 이른[早 이를 조] 봄에 돋아나는 풀[艹=艸 풀 초]의 모양에서 '풀', '처음' [艹+早]의 뜻이 됨.

 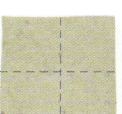  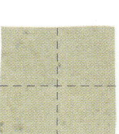  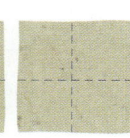

마을 촌

부수 : 나무 목(木)

총획 : 7획

村里촌리 : 마을.
村家촌가 : 시골 마을에 있는 집. 시골집.
村民촌민 : 시골에 사는 백성.
南村남촌 : 남쪽에 있는 마을.
山村산촌 : 산속에 자리한 마을.

쓰는 순서   一 十 オ 木 木 村 村

도움말 [木+寸] 나무[木 나무 목] 숲 사이에 마디 마디[寸 마디 촌] 질서 있게 모여 사는 '마을'을 나타냄.

 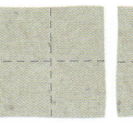 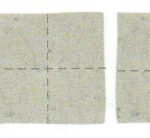  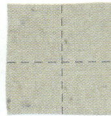

가을 추

부수 : 벼 화(禾)

총획 : 9획

春秋춘추 : 봄과 가을. '나이'의 높임말. 연세. ¶올해 춘추가 어떻게 되십니까?
春夏秋冬춘하추동 : '봄·여름·가을·겨울'의 네 철을 아울러 이르는 말. ¶춘하추동 사계절

쓰는 순서   一 二 千 千 禾 禾 禾' 秋 秋

도움말 [禾+火] 햇볕[火 불(빛) 화]을 받아 익은 곡식[禾 벼 화]을 거둬들이는 계절은 '가을'이라는 뜻.

 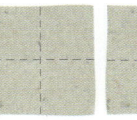 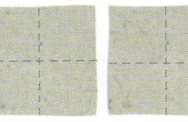  

봄 춘

부수 : 날 일(日)

총획 : 9획

立春입춘 : 이십사절기의 하나. 2월 4일경.
春夏춘하 : 봄여름.
靑春청춘 : '스무 살 안팎의 젊은 나이'를 비유하여 이르는 말. ¶청춘남녀

쓰는 순서   一 二 三 三 夫 表 春 春 春

도움말 [艹+屯+日] 春=萅(본자). 햇볕[日 해 일]을 받아 풀[艹=艸 풀 초]이 움터[屯 둔칠 둔]나오는 계절은 '봄'이라는 뜻.

  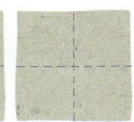  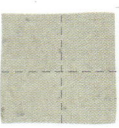 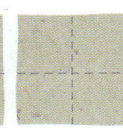

出

날 출

- 부수 : 위터진입구(凵)
- 총획 : 5획

出家출가 : 집을 떠나감.
出土출토 : 땅속에 묻힌 것이 저절로 나오거나 파서 나옴.
外出외출 : 집이나 직장 등에서 볼일을 보러 나감.
出力출력 : 일정한 입력이 기계적으로 처리되어 정보로서 나타나는 일, 또는 그 정보. ↔ 입력(入力).

쓰는 순서 : 丨 ㅏ 屮 出 出

도움말 싹이 흙 위로 뻗어 자라는 모양을 본뜬 글자.

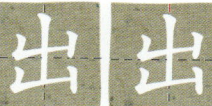

便

편할 편
똥/오줌 변

- 부수 : 사람 인(亻)
- 총획 : 9획

便安편안 : 몸이나 마음이 편하고 좋음. ¶**편안**한 생활
西便서편 : 서쪽 편. ↔ 동편(東便).
人便인편 : 오가는 사람의 편. ¶**인편**에 편지를 부치다
便所변소 : 대소변을 볼 수 있게 만들어 놓은 곳. 뒷간.
小便소변 : 오줌.

쓰는 순서 : 丿 亻 亻 亻 仁 佰 佰 便 便

도움말 사람[亻=人 사람 인]이 불편한 데를 고쳐서[更 고칠 경] '편하게 한다'는 [亻+更] 뜻.

平

평평할 평

- 부수 : 방패 간(干)
- 총획 : 5획

平生평생 : 일생. ¶**평생**의 소원
平年평년 : 여느 해. 예년. ¶**평년** 기온
平民평민 : 특권 계급이 아닌 일반 시민. ¶**평민** 출신
平日평일 : 평상시. 평소.
平地평지 : 바닥이 편편한 땅.

쓰는 순서 : 一 ㄱ ㄅ 프 平

도움말 물풀이 물 위에 평평하게 떠 있는 모양에서 '평평하다'를 나타냄.

下

아래 하

- 부수: 한 일(一)
- 총획: 3획

下校하교 : 학교에서 공부를 마치고 돌아옴. ↔ 등교(登校).
下山하산 : 산에서 내려옴. ↔ 등산(登山). ¶날이 어두워지기 전에 **하산**하다
天下천하 : 하늘 아래 온 세상. ¶**천하**를 통일하다

쓰는 순서: 一 丁 下

도움말: 일정한 기준선[一] 아래에 점[·]을 찍어서 '아래'를 나타냄.

전서 下

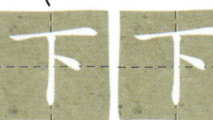 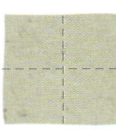 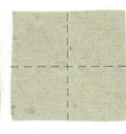   

夏

여름 하

- 부수: 천천히걸을 쇠(夊)
- 총획: 10획

夏冬하동 : 여름과 겨울.
立夏입하 : 이십사절기의 하나. 5월 6일경.

쓰는 순서: 一 丆 丆 百 百 百 頁 夏 夏

도움말 [頁+夊] : 더워서 머리[百←頁 머리 혈]와 다리[夊 천천히걸을 쇠]를 드러낸 모양에서 '여름'을 나타냄.

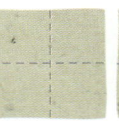  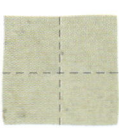  

漢

한수/한나라/놈 한

- 부수: 삼수변(氵)
- 총획: 14획

門外漢문외한 : 어떤 일에 대한 전문적인 지식이 없거나 관계가 없는 사람. ¶**문외한**의 눈에도 그 그림은 좋아 보였다
漢文한문 : 한자로 씌어진 글.

쓰는 순서: 丶 丶 氵 汀 洴 洴 洴 洴 滢 漢 漢

도움말 [氵+堇] : 본래 양자강 상류인 '한수(漢水)'를 뜻하여 된 글자로, 이 지역을 중심으로 세워졌던 '한나라'의 이름으로 널리 쓰임.

 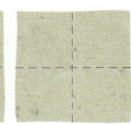 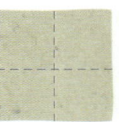 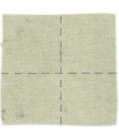 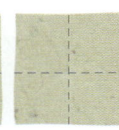

海

바다 해

- 부수 : 삼수변(氵)
- 총획 : 10획

海外해외 : 바다의 밖, 곧 외국. ¶ **해외** 유학
海軍해군 : 해상의 국방을 위한 군대.
西海서해 : 서쪽에 있는 바다.
東海동해 : 동쪽 바다.
海水해수 : 바닷물.

쓰는 순서 : 丶 亠 氵 氵 氵 汒 汋 海 海 海 海

도움말 [氵+每] : 여러 갈래[每 매양 매]의 물[氵=水 물 수]줄기가 모여 이루어진 '바다'를 뜻함.

花

꽃 화

- 부수 : 초두(艹)
- 총획 : 8획

生花생화 : 살아 있는 초목에서 꺾은 꽃. ↔ 조화(造花).
花木화목 : 꽃나무.
百花백화 : 온갖 꽃. 여러 가지 꽃.

쓰는 순서 : 一 十 卄 艹 艻 花 花

도움말 [艹+化] : 풀잎[艹=艸 풀 초]이 변화하여[化 변화할 화] '꽃'이 된다는 뜻.

話

말씀 화

- 부수 : 말씀 언(言)
- 총획 : 13획

民話민화 : 민간에 전해 오는 이야기.
白話백화 : 현재 중국에서 쓰는 구어체 언어.
手話수화 : 귀머거리와 벙어리들이 구화(口話)를 대신하여 몸짓이나 손짓으로 표현하는 의사 전달 방법.

쓰는 순서 : 丶 亠 宀 宁 宁 言 言 言 訁 話 話 話 話

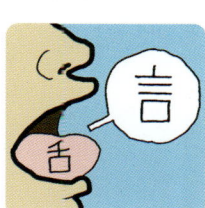

도움말 [言+舌] : 혀[舌 혀 설]로 말[言 말씀 언]을 한다 하여 '말씀'의 뜻이 됨.

活

살 활

- 부수 : 삼수변(氵)
- 총획 : 9획

活動활동 : 몸을 움직여 행동함.
生活생활 : 살아서 활동함.
活字활자 : 활판 인쇄에 쓰이는 일정한 규격의 글자.
活力활력 : 살아 움직이는 힘. ¶**활력**을 불어넣다
活氣활기 : 활발한 기운이나 기개.

쓰는 순서 : 丶 丶 氵 氵 沪 汗 浐 活 活

도움말 [氵+舌] 물[氵=水 물 수] 같은 침이 혀[舌 혀 설]에서 콸콸 흘러야 살 수 있다는 데서 '살다'의 뜻이 됨.

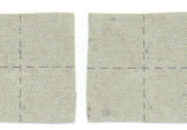 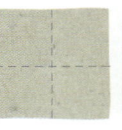  

孝

효도 효

- 부수 : 아들 자(子)
- 총획 : 7획

孝子효자 : 효성스러운 아들.
孝女효녀 : 효성스러운 딸.
孝道효도 : 어버이를 잘 섬김, 또는 그 도리.
孝心효심 : 효성스러운 마음. ¶**효심**이 지극하다
不孝불효 : 효도를 하지 아니함. ¶**불효**한 자식

쓰는 순서 : 一 十 土 耂 孝 孝 孝

도움말 [耂+子] 늙은[耂 늙을 로] 부모를 아들[子 아들 자]이 업고 있는 모양에서 '효도하다'라는 뜻이 됨.

 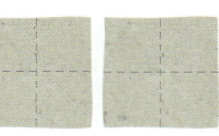 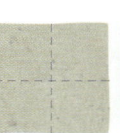 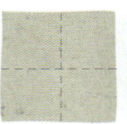 

後

뒤 후

- 부수 : 두인변(彳)
- 총획 : 9획

先後선후 : 앞뒤. 먼저와 나중. ¶**선후**가 뒤바뀌다
後方후방 : 뒤쪽. 뒤쪽에 있는 곳.
後食후식 : 나중에 먹음. 디저트.
事後사후 : 일이 끝난 뒤. ↔ 사전(事前).

쓰는 순서 : 丶 ク 彳 彳 扩 祥 祥 後 後

도움말 [彳+幺+夂] 걸음[彳 조금걸을 척]을 조금씩[幺 작을 요] 천천히 걸으니[夂 천천히걸을 쇠] '뒤진다'는 뜻.

  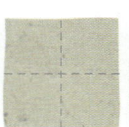   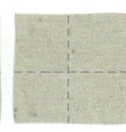

休

쉴 휴

- 부수 : 사람 인(亻)
- 총획 : 6획

休校휴교 : 학교에서 수업과 업무를 한동안 쉼, 또는 그 일.
休學휴학 : 학생이 병이나 사고 따위로 말미암아 일정한 기간 학업을 쉼.
休日휴일 : 일을 하지 않고 쉬는 날. ¶정기 **휴일**

쓰는 순서 ノ 亻 亻 什 休 休

도움말 사람[亻=人 사람 인]이 나무[木 나무 목] 그늘에서 '쉬고' 있음을 뜻함.
[亻+木]

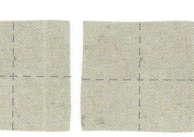 

휴 休

유형별 한자 — 반대어·상대어

江 강	**강**	山 메	**산**		山 메	**산**	川 내	**천**	
敎 가르칠	**교**	學 배울	**학**		上 위	**상**	下 아래	**하**	
南 남녘	**남**	北 북녘	**북**		先 먼저	**선**	後 뒤	**후**	
男 사내	**남**	女 계집	**녀**		水 물	**수**	火 불	**화**	
內 안	**내**	外 바깥	**외**		手 손	**수**	足 발	**족**	
大 큰	**대**	小 작을	**소**		入 들	**입**	出 날	**출**	
東 동녘	**동**	西 서녘	**서**		前 앞	**전**	後 뒤	**후**	
冬 겨울	**동**	夏 여름	**하**		左 왼	**좌**	右 오른	**우**	
老 늙을	**로**	少 적을	**소**		天 하늘	**천**	地 땅	**지**	
問 물을	**문**	答 대답	**답**		春 봄	**춘**	秋 가을	**추**	
父 아버지	**부**	母 어머니	**모**		兄 형	**형**	弟 아우	**제**	

한자의 상식 — 한자의 일반적인 필순

하나의 한자를 쓸 때의 바른 순서를 필순 또는 획순이라고 합니다. 한자를 바른 순서에 따라 쓰면, 한자를 가장 읽기 쉽고 바르게 쓸 수 있고, 원칙에 따라 쓰는 습관이 생겨 모르는 글자도 외우기 쉬우며, 획수를 정확히 셀 수 있어 자전의 총획 색인을 사용할 때도 매우 유용합니다.

- 위에서 아래로 쓴다.

  三 → 一 二 三
  工 → 一 T 工

- 왼쪽에서 오른쪽으로 쓴다.

  川 → ノ 川 川
  休 → ノ イ 亻 什 休 休

- 가로획과 세로획이 겹칠 때에는 가로획을 먼저 쓴다.

  木 → 一 十 才 木
  十 → 一 十

- 삐침과 파임이 만날 때에는 삐침을 먼저 쓴다.

  人 → ノ 人
  文 → 丶 亠 ナ 文

- 좌우가 대칭될 때에는 가운데를 먼저 쓴다.

  小 → 亅 小 小
  水 → 亅 가 가 水

- 둘러싼 모양으로 된 자는 바깥쪽을 먼저 쓴다.

  同 → 丨 冂 冂 同 同 同
  問 → 丨 丨 冂 冂 門 門 門 門 問 問 問

- 글자 전체를 꿰뚫는 획은 나중에 쓴다.

  中 → 丨 口 口 中
  母 → ㄥ 口 口 马 母

- 오른쪽 위에 점 있는 글자는 그 점을 나중에 찍는다.

  犬 → 一 ナ 大 犬
  成 → ノ 厂 厂 厅 成 成 成

- 책받침(辶, 廴)은 나중에 쓴다.

  道 → 丶 丷 䒑 亠 产 首 首 首 首 道 道 道
  建 → 그 ヨ ㅋ ㅋ ㅋ 聿 聿 建 建

- 받침 중에서도 '走, 是'는 먼저 쓴다.

  起 → 一 十 土 耂 耂 走 走 起 起 起
  題 → 日 旦 旦 早 昇 是 是 是 是 題 題 題 題 題

앞에서 예로 든 필순은 기본 필순을 따랐으나, 달리 쓰이는 경우도 있을 수 있다.

[그밖에 필순에 주의해야 할 한자]

左 → 一 ナ 左 左 左
右 → ノ ナ オ 右 右
在 → 一 ナ オ 才 存 在
有 → ノ ナ オ 有 有 有
火 → 丶 丷 少 火
山 → 丨 山 山
九 → ノ 九
世 → 一 十 廿 廿 世
必 → 丶 丿 必 必 必
臣 → 一 丅 丐 乒 臣 臣

재미있는 원리로 배우는
한자능력검정시험
기출 및 예상문제

7급

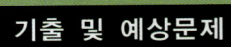 

제1회 │ 기출 및 예상문제   [시험시간 : 50분]

1 다음 漢字語(한자어)의 讀音(독음)을 쓰세요.(1~32)

〈例(예)〉 漢字 → 한자

(1) 海外 (2) 植物 (3) 國旗 (4) 場所
(5) 登山 (6) 時間 (7) 空軍 (8) 生活
(9) 算數 (10) 紙面 (11) 漢江 (12) 正直
(13) 自足 (14) 孝道 (15) 休學 (16) 每日
(17) 事後 (18) 靑色 (19) 秋冬 (20) 家門
(21) 民心 (22) 四方 (23) 老母 (24) 電子
(25) 天然 (26) 市長 (27) 左右 (28) 主人
(29) 出口 (30) 工夫 (31) 火車 (32) 男便

2 다음 漢字(한자)의 訓(훈:뜻)과 음(음:소리)을 쓰세요.(33~51)

〈例(예)〉 字 → 글자 자

(33) 歌 (34) 少 (35) 話 (36) 手
(37) 記 (38) 名 (39) 林 (40) 氣
(41) 內 (42) 同 (43) 有 (44) 前
(45) 春 (46) 姓 (47) 來 (48) 安
(49) 平 (50) 食 (51) 千

3 다음 漢字語(한자어)의 뜻을 쓰세요.(52~53)

(52) 動力
(53) 花草

4 다음 訓(훈:뜻)과 音(음:소리)에 맞는 漢字(한자)를 〈例(예)〉에서 골라 그 번호를 쓰세요.(54~63)

〈例(예)〉	① 重	② 世	③ 川	④ 夕	⑤ 入
	⑥ 語	⑦ 文	⑧ 百	⑨ 命	⑩ 祖

(54) 말씀 어   (55) 목숨 명
(56) 들 입   (57) 저녁 석
(58) 무거울 중   (59) 글월 문
(60) 일백 백   (61) 내 천
(62) 할아버지 조   (63) 인간 세

5 다음 漢字(한자)의 상대 또는 반대되는 漢字(한자)를 〈例(예)〉에서 골라 그 번호를 쓰세요.(64~66)

〈例(예)〉	① 答	② 全	③ 下
	④ 火	⑤ 夏	⑥ 不

(64) 問 ↔ ( )
(65) 上 ↔ ( )
(66) 水 ↔ ( )

6 다음 문장에서 밑줄 친 단어의 漢字(한자)를 〈例(예)〉에서 골라 그 번호를 쓰세요.(67~68)

〈例(예)〉 ① 農村 ② 洞長 ③ 入住 ④ 教育

(67) 지금 농촌은 한창 바쁠 때입니다.
(68) 오늘은 새로 산 아파트에 입주하는 날입니다.

7 다음 물음에 답하세요.(69~70)

(69) 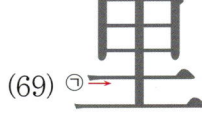 ㉠획의 쓰는 순서를 아래에서 골라 번호를 쓰세요.

① 일곱 번째 ② 여섯 번째
③ 다섯 번째 ④ 네 번째

(70) 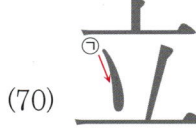 ㉠획의 쓰는 순서를 아래에서 골라 번호를 쓰세요.

① 두 번째 ② 세 번째
③ 네 번째 ④ 다섯 번째

제2회 ▎기출 및 예상문제

[시험시간 : 50분]

1 다음 漢字語(한자어)의 讀音(독음)을 쓰세요.(1~32)

〈例(예)〉 漢字 → 한자

(1) 國歌   (2) 農村   (3) 住民   (4) 孝女
(5) 生命   (6) 人物   (7) 軍旗   (8) 事前
(9) 午後   (10) 姓名   (11) 內外   (12) 祖上
(13) 平地 (14) 自動   (15) 里長   (16) 安全
(17) 白紙 (18) 來年   (19) 文學   (20) 主食
(21) 空中 (22) 工場   (23) 邑面   (24) 七夕
(25) 每月 (26) 不正   (27) 王子   (28) 車道
(29) 同時 (30) 千萬   (31) 校歌   (32) 山間

2 다음 漢字(한자)의 訓(훈:뜻)과 音(음:소리)을 쓰세요.(33~51)

〈例(예)〉 字 → 글자 자

(33) 川   (34) 休   (35) 問   (36) 力
(37) 江   (38) 男   (39) 口   (40) 記
(41) 語   (42) 立   (43) 世   (44) 花
(45) 下   (46) 秋   (47) 直   (48) 草
(49) 植   (50) 答   (51) 百

기출 및 예상문제 7급

3 다음 漢字語(한자어)의 뜻을 쓰세요.(52~53)

(52) 手足

(53) 山林

4 다음 訓(훈:뜻)과 音(음:소리)에 맞는 漢字(한자)를 〈例(예)〉에서 골라 그 번호를 쓰세요.(54~63)

〈例(예)〉	① 育	② 有	③ 字	④ 海	⑤ 氣
	⑥ 夫	⑦ 春	⑧ 電	⑨ 活	⑩ 話

(54) 있을 유   (55) 기운 기

(56) 봄 춘   (57) 살 활

(58) 글자 자   (59) 기를 육

(60) 지아비 부   (61) 번개 전

(62) 바다 해   (63) 말씀 화

5 다음 漢字(한자)의 상대 또는 반대되는 漢字(한자)를 〈例(예)〉에서 골라 그 번호를 쓰세요.(64~66)

〈例(예)〉	① 入	② 老	③ 洞
	④ 夏	⑤ 心	⑥ 方

(64) 出 ↔ (   )

(65) 少 ↔ (   )

(66) 冬 ↔ (   )

6 다음 문장에서 밑줄 친 단어의 漢字(한자)를 〈例(예)〉에서 골라 그 번호를 쓰세요.(67~68)

〈例(예)〉 ① 天然 ② 算數 ③ 左右 ④ 便所

(67) 진돗개 · 크낙새 등은 우리 나라에서만 볼 수 있는 <u>천연</u>기념물입니다.

(68) 길을 건널 때는 <u>좌우</u>를 잘 살펴야 합니다.

7 다음 물음에 답하세요.(69~70)

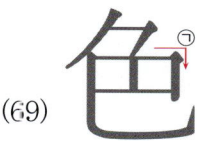

(69) ㉠획의 쓰는 순서를 아래에서 골라 번호를 쓰세요.

① 세 번째   ② 여섯 번째
③ 다섯 번째   ④ 네 번째

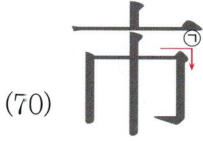

(70) ㉠획의 쓰는 순서를 아래에서 골라 번호를 쓰세요.

① 두 번째   ② 세 번째
③ 네 번째   ④ 첫 번째

제3회 기출 및 예상문제

[시험시간 : 50분]

1 다음 漢字語(한자어)의 讀音(독음)을 쓰세요.(1~32)

〈例(예)〉 漢字 → 한자

(1) 空間　(2) 登場　(3) 便所　(4) 農夫
(5) 電車　(6) 數學　(7) 活動　(8) 休紙
(9) 萬物　(10) 內室　(11) 地方　(12) 天命
(13) 立春　(14) 人道　(15) 家長　(16) 校旗
(17) 世上　(18) 少年　(19) 全國　(20) 手足
(21) 孝心　(22) 植木　(23) 名文　(24) 食口
(25) 平安　(26) 子正　(27) 來日　(28) 前記
(29) 西海　(30) 祖母　(31) 軍歌　(32) 江山

2 다음 漢字(한자)의 訓(훈:뜻)과 음(음:소리)을 쓰세요.(33~51)

〈例(예)〉 字 → 글자 자

(33) 氣　(34) 姓　(35) 話　(36) 冬
(37) 語　(38) 下　(39) 秋　(40) 同
(41) 後　(42) 邑　(43) 力　(44) 老
(45) 直　(46) 色　(47) 有　(48) 里
(49) 問　(50) 重　(51) 千

3 다음 漢字語(한자어)의 뜻을 쓰세요.(52~53)

(52) 生花
(53) 工事

4 다음 訓(훈:뜻)과 音(음:소리)에 맞는 漢字(한자)를 〈例(예)〉에서 골라 그 번호를 쓰세요.(54~63)

〈例(예)〉	① 夏	② 時	③ 答	④ 百	⑤ 林
	⑥ 川	⑦ 村	⑧ 草	⑨ 住	⑩ 育

(54) 풀 초　　　　　　(55) 수풀 림
(56) 살 주　　　　　　(57) 마을 촌
(58) 때 시　　　　　　(59) 내 천
(60) 일백 백　　　　　(61) 여름 하
(62) 대답 답　　　　　(63) 기를 육

5 다음 漢字(한자)의 상대 또는 반대되는 漢字(한자)를 〈例(예)〉에서 골라 그 번호를 쓰세요.(64~66)

〈例(예)〉	① 市	② 右	③ 女
	④ 洞	⑤ 兄	⑥ 主

(64) 左 ↔ (　)
(65) 男 ↔ (　)
(66) 弟 ↔ (　)

기출 및 예상문제 7급

6 다음 문장에서 밑줄 친 단어의 漢字(한자)를 〈例(예)〉에서 골라 그 번호를 쓰세요.(67~68)

〈例(예)〉 ① 每年 ② 漢字 ③ 出入 ④ 不安

(67) 우리 문화 유산의 대부분은 <u>한자</u>로 기록되어 있습니다.

(68) 이 산은 당분간 환경 보호를 위해 <u>출입</u>을 금지하고 있습니다.

7 다음 물음에 답하세요.(69~70)

(69) 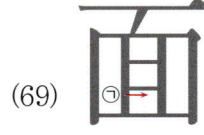 ㉠획의 쓰는 순서를 아래에서 골라 번호를 쓰세요.

① 일곱 번째 ② 여섯 번째
③ 다섯 번째 ④ 여덟 번째

(70) 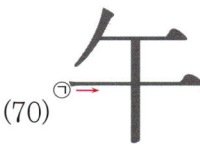 ㉠획의 쓰는 순서를 아래에서 골라 번호를 쓰세요.

① 두 번째 ② 세 번째
③ 네 번째 ④ 첫 번째

제4회 | 기출 및 예상문제

[시험시간 : 50분]

1 다음 漢字語(한자어)의 讀音(독음)을 쓰세요.(1~32)

〈例(예)〉 漢字 → 한자

(1) 國家   (2) 市場   (3) 萬事   (4) 東海
(5) 先祖   (6) 時空   (7) 歌手   (8) 登校
(9) 問答   (10) 電氣   (11) 百姓   (12) 內面
(13) 自立   (14) 人間   (15) 活力   (16) 外食
(17) 日記   (18) 安心   (19) 老少   (20) 午前
(21) 右軍   (22) 敎育   (23) 父子   (24) 洞里
(25) 入住   (26) 世上   (27) 草木   (28) 下車
(29) 便紙   (30) 秋夕   (31) 江村   (32) 文字

2 다음 漢字(한자)의 訓(훈:뜻)과 音(음:소리)을 쓰세요.(33~51)

〈例(예)〉 字 → 글자 자

(33) 工   (34) 夏   (35) 重   (36) 口
(37) 旗   (38) 動   (39) 植   (40) 足
(41) 同   (42) 林   (43) 物   (44) 川
(45) 後   (46) 來   (47) 命   (48) 每
(49) 名   (50) 語   (51) 夫

기출 및 예상문제 7급

3 다음 漢字語(한자어)의 뜻을 쓰세요.(52~53)

(52) 長男
(53) 農民

4 다음 訓(훈:뜻)과 音(음:소리)에 맞는 漢字(한자)를 〈例(예)〉에서 골라 그 번호를 쓰세요.(54~63)

| 〈例(예)〉 | ① 休 | ② 左 | ③ 春 | ④ 有 | ⑤ 話 |
| | ⑥ 出 | ⑦ 色 | ⑧ 平 | ⑨ 全 | ⑩ 千 |

(54) 일천 천   (55) 말씀 화
(56) 왼 좌   (57) 날 출
(58) 빛 색   (59) 봄 춘
(60) 있을 유   (61) 평평할 평
(62) 쉴 휴   (63) 온전 전

5 다음 漢字(한자)의 상대 또는 반대되는 漢字(한자)를 〈例(예)〉에서 골라 그 번호를 쓰세요.(64~66)

| 〈例(예)〉 | ① 天 | ② 主 | ③ 大 |
| | ④ 南 | ⑤ 漢 | ⑥ 不 |

(64) 地 ↔ (   )
(65) 小 ↔ (   )
(66) 北 ↔ (   )

6 다음 문장에서 밑줄 친 단어의 漢字(한자)를 〈例(예)〉에서 골라 그 번호를 쓰세요.(67~68)

〈例(예)〉 ① 四方   ② 正直   ③ 孝道   ④ 算數

(67) 어려서부터 <u>정직</u>한 사람이 커서 훌륭한 사람이 됩니다.

(68) 학생 시절에는 공부를 열심히 하는 것이 부모님께 <u>효도</u>하는 것입니다.

7 다음 물음에 답하세요.(69~70)

(69)  ㉠획의 쓰는 순서를 아래에서 골라 번호를 쓰세요.

① 일곱 번째   ② 여섯 번째
③ 다섯 번째   ④ 여덟 번째

(70) 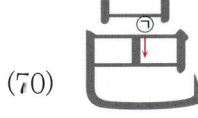 ㉠획의 쓰는 순서를 아래에서 골라 번호를 쓰세요.

① 다섯 번째   ② 여섯 번째
③ 네 번째   ④ 세 번째

제5회 기출 및 예상문제 [시험시간 : 50분]

1 다음 漢字語(한자어)의 讀音(독음)을 쓰세요.(1~32)

〈例(예)〉 漢字 → 한자

(1) 場面 (2) 食事 (3) 海軍 (4) 電話
(5) 正答 (6) 空氣 (7) 洞長 (8) 自然
(9) 花草 (10) 左右 (11) 市內 (12) 民間
(13) 文物 (14) 算數 (15) 孝子 (16) 休日
(17) 下山 (18) 每年 (19) 有名 (20) 不便
(21) 水上 (22) 安住 (23) 人口 (24) 出入
(25) 農土 (26) 白旗 (27) 王家 (28) 萬里
(29) 同門 (30) 平生 (31) 全力 (32) 立冬

2 다음 漢字(한자)의 訓(훈:뜻)과 音(음:소리)을 쓰세요.(33~51)

〈例(예)〉 字 → 글자 자

(33) 車 (34) 直 (35) 心 (36) 百
(37) 工 (38) 色 (39) 記 (40) 夕
(41) 男 (42) 道 (43) 邑 (44) 登
(45) 夫 (46) 夏 (47) 午 (48) 林
(49) 川 (50) 足 (51) 育

3 다음 漢字語(한자어)의 뜻을 우리말로 쓰세요.(52~53)

(52) 江村
(53) 天地

4 다음 訓(훈:뜻)과 音(음:소리)에 맞는 漢字(한자)를 〈例(예)〉에서 골라 그 번호를 쓰세요.(54~63)

| 〈例(예)〉 | ① 紙 | ② 方 | ③ 時 | ④ 語 | ⑤ 姓 |
| | ⑥ 老 | ⑦ 命 | ⑧ 來 | ⑨ 千 | ⑩ 植 |

(54) 올 래   (55) 늙을 로
(56) 성 성   (57) 심을 식
(58) 때 시   (59) 목숨 명
(60) 모 방   (61) 종이 지
(62) 일천 천   (63) 말씀 어

5 다음 漢字(한자)의 상대 또는 반대되는 漢字(한자)를 〈例(예)〉에서 골라 그 번호를 쓰세요.(64~66)

| 〈例(예)〉 | ① 東 | ② 春 | ③ 主 |
| | ④ 重 | ⑤ 前 | ⑥ 所 |

(64) 西 ↔ (   )
(65) 秋 ↔ (   )
(66) 後 ↔ (   )

6 다음 문장에서 밑줄 친 단어의 漢字(한자)를 〈例(예)〉에서 골라 그 번호를 쓰세요.(67~68)

〈例(예)〉 ① 活動   ② 祖父   ③ 少女   ④ 歌手

(67) 나는 이번 토요일에 고아원으로 봉사 활동 가기로 했습니다.

(68) 학교 축제 때 가수들이 와서 노래를 불렀습니다.

7 다음 물음에 답하세요.(69~70)

(69) 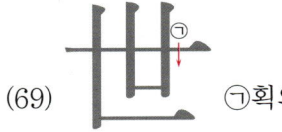 ㉠획의 쓰는 순서를 아래에서 골라 번호를 쓰세요.

① 두 번째   ② 세 번째
③ 다섯 번째   ④ 네 번째

(70)  ㉠획의 쓰는 순서를 아래에서 골라 번호를 쓰세요.

① 여섯 번째   ② 여덟 번째
③ 일곱 번째   ④ 아홉 번째

기출 및 예상문제 | 정답(8급/7급)

8급 1회

#	답	#	답	#	답	#	답	#	답
1	오	31	①	11	학	43	⑦	23	여덟 팔
2	월	32	⑥	12	금	44	④	24	군사 군
3	팔	33	⑩	13	부	45	③	25	넉 사
4	일	34	⑨	14	모	46	⑥	26	가르칠 교
5	부	35	⑤	15	중	47	③	27	⑧
6	모	36	⑧	16	국	48	④	28	⑨
7	사	37	③	17	임금 왕	49	③	29	⑥
8	촌	38	②	18	마디 촌	50	②	30	④
9	형	39	⑤	19	불 화			31	②
10	제	40	④	20	남녘 남	**3회**		32	⑦
11	동	41	①	21	일만 만	1	동	33	⑩
12	서	42	⑤	22	여섯 륙	2	남	34	⑤
13	남	43	③	23	백성 민	3	대	35	①
14	북	44	①	24	큰 대	4	한	36	③
15	대	45	②	25	열 십	5	민	37	③
16	한	46	④	26	②	6	국	38	②
17	민	47	③	27	④	7	월	39	①
18	국	48	②	28	①	8	일	40	④
19	학교 교	49	②	29	⑧	9	토	41	⑤
20	작을 소	50	③	30	③	10	학	42	④
21	쇠 금/성 김	**2회**		31	⑩	11	교	43	⑧
22	흰 백	1	사	32	⑤	12	육(륙)	44	①
23	먼저 선	2	월	33	⑥	13	이	45	⑤
24	해 년	3	오	34	⑦	14	오	46	③
25	아홉 구	4	일	35	⑨	15	부	47	③
26	긴 장/어른 장	5	목	36	⑤	16	모	48	①
27	④	6	산	37	④	17	형	49	④
28	②	7	교	38	②	18	제	50	④
29	③	8	장	39	③	19	문 문	**4회**	
30	⑦	9	선	40	①	20	바깥 외	1	시(십)
		10	생	41	⑤	21	서녘 서	2	월
				42	①	22	흰 백		

기출 및 예상문제 | 정답(8급/7급)

#	답	#	답	#	답	#	답	#	답
3	구	35	⑥	15	일	47	②	27	좌우
4	일	36	②	16	부	48	④	28	주인
5	대	37	④	17	모	49	③	29	출구
6	왕	38	①	18	문 문	50	②	30	공부
7	남	39	③	19	일만 만			31	화차
8	북	40	⑤	20	집 실	**7급**	**1회**	32	남편
9	한	41	⑧	21	군사 군	1	해외	33	노래 가
10	학	42	⑤	22	한 일	2	식물	34	적을 소
11	생	43	⑦	23	학교 교	3	국기	35	말씀 화
12	일	44	④	24	두 이	4	장소	36	손 수
13	교	45	①	25	계집 녀	5	등산	37	기록할 기
14	선	46	⑦	26	형 형/맏 형	6	시간	38	이름 명
15	교	47	⑤	27	①	7	공군	39	수풀 림
16	실	48	②	28	⑦	8	생활	40	기운 기
17	동녘 동	49	③	29	④	9	산수	41	안 내
18	여덟 팔	50	④	30	⑩	10	지면	42	한가지 동
19	해 년			31	②	11	한강	43	있을 유
20	메 산	**5회**		32	⑤	12	정직	44	앞 전
21	석 삼	1	동	33	⑧	13	자족	45	봄 춘
22	긴 장/어른 장	2	서	34	⑥	14	효도	46	성 성
23	아우 제	3	남	35	⑨	15	휴학	47	올 래
24	일곱 칠	4	북	36	③	16	매일	48	편안 안
25	군사 군	5	사	37	⑤	17	사후	49	평평할 평
26	⑦	6	대	38	①	18	청색	50	밥 식/먹을 식
27	⑧	7	한	39	③	19	추동	51	일천 천
28	⑤	8	민	40	④	20	가문	52	어떤 사물을 움직이게 하는 힘.
29	④	9	국	41	②	21	민심		
30	⑩	10	금	42	①	22	사방	53	꽃이 피는 풀과 나무.
31	③	11	팔	43	③	23	노모		
32	②	12	월	44	④	24	전자	54	⑥
33	⑨	13	십	45	⑤	25	천연	55	⑨
34	①	14	오	46	②	26	시장	56	⑤

57	④	17	백지	49	심을 식	9	만물	41	뒤 후
58	①	18	내년	50	대답 답	10	내실	42	고을 읍
59	⑦	19	문학	51	일백 백	11	지방	43	힘 력
60	⑧	20	주식	52	손발	12	천명	44	늙을 로
61	③	21	공중	53	산과 숲	13	입춘	45	곧을 직
62	⑩	22	공장	54	②	14	인도	46	빛 색
63	②	23	읍면	55	⑤	15	가장	47	있을 유
64	①	24	칠석	56	⑦	16	교기	48	마을 리
65	③	25	매월	57	⑨	17	세상	49	물을 문
66	④	26	부정	58	③	18	소년	50	무거울 중
67	①	27	왕자	59	①	19	전국	51	일천 천
68	③	28	차도	60	⑥	20	수족	52	살아 있는 초목
69	③	29	동시	61	⑧	21	효심		에서 꺾은 꽃.
70	②	30	천만	62	④	22	식목	53	토목이나 건축
		31	교가	63	⑩	23	명문		등에 관한 일.
2회		32	산간	64	①	24	식구	54	⑧
1	국가	33	내 천	65	②	25	평안	55	⑤
2	농촌	34	쉴 휴	66	④	26	자정	56	⑨
3	주민	35	물을 문	67	①	27	내일	57	⑦
4	효녀	36	힘 력	68	③	28	전기	58	②
5	생명	37	강 강	69	①	29	서해	59	⑥
6	인물	38	사내 남	70	③	30	조모	60	④
7	군기	39	입 구			31	군가	61	①
8	사전	40	기록할 기	**3회**		32	강산	62	③
9	오후	41	말씀 어	1	공간	33	기운 기	63	⑩
10	성명	42	설 립	2	등장	34	성 성	64	②
11	내외	43	인간 세	3	변소	35	말씀 화	65	③
12	조상	44	꽃 화	4	농부	36	겨울 동	66	⑤
13	평지	45	아래 하	5	전차	37	말씀 어	67	②
14	자동	46	가을 추	6	수학	38	아래 하	68	③
15	이장	47	곧을 직	7	활동	39	가을 추	69	④
16	안전	48	풀 초	8	휴지	40	한가지 동	70	②

기출 및 예상문제 | 정답(8급/7급)

4회

1. 국가
2. 시장
3. 만사
4. 동해
5. 선조
6. 시공
7. 가수
8. 등교
9. 문답
10. 전기
11. 백성
12. 내면
13. 자립
14. 인간
15. 활력
16. 외식
17. 일기
18. 안심
19. 노소
20. 오전
21. 우군
22. 교육
23. 부자
24. 동리
25. 입주
26. 세상
27. 초목
28. 하차
29. 편지
30. 추석
31. 강촌
32. 문자
33. 장인 공
34. 여름 하
35. 무거울 중
36. 입 구
37. 깃발 기
38. 움직일 동
39. 심을 식
40. 발 족
41. 한가지 동
42. 수풀 림
43. 물건 물
44. 내 천
45. 뒤 후
46. 올 래
47. 목숨 명
48. 매양 매
49. 이름 명
50. 말씀 어
51. 지아비 부
52. 맏아들.
53. 농업에 종사하는 사람.
54. ⑩
55. ⑤
56. ②
57. ⑥
58. ⑦
59. ③
60. ④
61. ⑧
62. ①
63. ⑨
64. ①
65. ③
66. ④
67. ②
68. ③
69. ①
70. ①

5회

1. 장면
2. 식사
3. 해운
4. 전화
5. 정답
6. 공기
7. 동장
8. 자연
9. 화초
10. 좌우
11. 시내
12. 민간
13. 문물
14. 산수
15. 효자
16. 휴일
17. 하산
18. 매년
19. 유명
20. 불편
21. 수상
22. 안주
23. 인구
24. 출입
25. 농토
26. 백기
27. 왕가
28. 만리
29. 동문
30. 평생
31. 전력
32. 입동
33. 수레 거/수레 차
34. 곧을 직
35. 마음 심
36. 일백 백
37. 장인 공
38. 빛 색
39. 기록할 기
40. 저녁 석
41. 사내 남
42. 길 도 / 말할 도
43. 고을 읍
44. 오를 등
45. 지아비 부
46. 여름 하
47. 낮 오
48. 수풀 림
49. 내 천
50. 발 족
51. 기를 육
52. 강가의 마을.
53. 하늘과 땅.
54. ⑧
55. ⑥
56. ⑤
57. ⑩
58. ③
59. ⑦
60. ②
61. ①
62. ⑨
63. ④
64. ①
65. ②
66. ⑤
67. ①
68. ④
69. ②
70. ①

이수철

■ 약력
- 성균관대학교 사범대학 한문교육과
- 공주대학교 교육대학원 국어교육과
- 현 한영고등학교 교사

■ 저서
- 『제7차 교육과정 고등학교 漢文』 교과서/지도서(공저) — 正進出版社
- 『大入 學力 漢文』
- 『中國史로 풀어본 故事成語』
- 『2007 지름길 수능한문』

재미있는 원리로 배우는
한자능력검정시험 8·7급

편저자 이수철
발행인 박해성
발행처 정진출판사

초판 1쇄 발행 2007년 7월 10일
13쇄 발행 2025년 2월 10일

주소 서울특별시 성북구 하월곡동 10-6호
전화 (02) 917-9900(代)
Fax (02) 917-9907
E-mail JJ1461@chollian.net
Homepage www.jeongjinpub.co.kr
등록일 1989.12.20
등록번호 제6-95호
ISBN 978-89-5700-068-7 *13710

정가 8,000원

Copyrights ⓒ2007, 正進出版社
출판사의 허락 없이 이 책의 일부 또는 전부를 무단 복사·복제·전재할 수 없습니다.
*잘못 만들어진 책은 구입하신 서점에서 교환해 드립니다.

정진출판사 한자학습서 안내

재미있는 원리로 배우는
한자능력검정시험 시리즈(전 5권)

쏙쏙 머리에 들어오는 한자, **척척** 붙는 한자능력검정시험!

- 컴퓨터로 분석한 출제빈도 높은 활용어 정리
- 한눈에 들어오는 짜임새 있는 편집 체재
- 재미있는 한자의 구성 원리를 그림과 함께 해설
- 한자를 쓰면서 익힐 수 있도록 연습란 구성
- 기출 및 예상문제 5회분 수록

재미있는 원리로 배우는 한자능력검정시험 8.7급 | 국배판 104면 / 정가 6,000원

재미있는 원리로 배우는 한자능력검정시험 6급 | 국배판 112면(6급Ⅱ 포함) / 정가 6,000원

재미있는 원리로 배우는 한자능력검정시험 5급 | 국배판 120면 / 정가 7,000원

재미있는 원리로 배우는 한자능력검정시험 4급 | 국배판 184면(4급Ⅱ 포함) / 정가 8,000원

재미있는 원리로 배우는 한자능력검정시험 3급 | 국배판 256면(3급Ⅱ 포함) / 정가 9,500원

正進出版社 www.jeongjinpub.co.kr

그림으로 배우는 김삿갓 그림 千字文

陳東日 글/그림
4×6배판 본책 256면/부록 96면
정가 9,800원

천자문은 옛 우리 조상들이 한문을 배우는 데 있어 가장 먼저 습득해야 할 기본서이다. 하룻밤 사이에 1천 자를 4자 1구로 2백 50구를 만들고 나니 머리가 백발이 되었다 하여 백수문(白首文)이라고도 한다. 천자문은 구절구절이 곧 명시이며 인생의 심오한 철학·진리·역사가 함축되어 있다.

『김삿갓 그림천자문』은 이런 천자문을 단순 암기식에서 벗어나 만화 형태의 재미있는 그림을 통해 쉽게 기억될 수 있도록 하였으며, 아울러 요즘 날로 응시자 수가 급증하고 있는 한자능력검정시험에 대비할 수 있도록 1천 자에 대한 급수표시와 각 한자의 용례들을 시험에 실제 출제되었던 한자어들로 구성하였다.

- **재미있는 그림을 통한 한자익히기**
  쉽게 기억될 수 있도록 재미있는 그림으로 구성

- **한자능력검정시험 대비**
  급수표시·사자성어·한자능력검정용 3500자 정리

- **한눈에 들어오는 편집 체재**
  급수·음뜻·부수·총획수·필순 등을 일목요연하게 정리

- **책속의 책 특별부록**
  천자문을 쓰면서 익힐 수 있도록 별책으로 구성

이솝이야기로 풀어본 어린이 한자 공부
이야기 술술! 한자 쑥쑥!

지혜와 도덕심을 배울 수 있는 이솝이야기
이솝이야기는 우리들의 삶의 모습이 담겨 있다. 이야기 속에 나오는 동물이나 사람과 나를 비교하면서 가치있는 삶이 무엇인지를 되돌아볼 수 있다.

이제와는 전혀 다른 한자 학습방법
꿩 먹고 알 먹는 식의 한자 학습방법! 독서 따로 한자 공부 따로 할 필요가 없다. 이야기를 읽으면서 한자도 알고 언어력도 키울 수 있다.

한자능력검정시험 완전대비
각 한자에 대한 음훈·부수·총획수 등을 알아보기 쉽게 정리하였다. 또한 시험에 자주 나오는 한자어를 중복 없이 풀이와 함께 수록하였다.

배운 한자를 완벽하게 익힐 수 있는 연습란
한자를 익히기 위한 가장 좋은 방법은 이미 배운 한자를 반복해서 많이 보고 그 다음 많이 써 보는 것이다.

간편하게 들고 다니면서 익힐 수 있는 한자 그림카드
본문에 나온 한자를 책 뒷부분에 그림과 함께 따로 정리하였다. 언제 어디서나 간편하게 들고 다니면서 한자를 익힐 수 있도록 카드 형태로 만들었다.

한자능력검정시험 8급대비 이야기 술술! 한자 쑥쑥! ❶ | 4×6배판 146면 / 정가 8,000원

한자능력검정시험 7급대비 이야기 술술! 한자 쑥쑥! ❷ | 4×6배판 200면 / 정가 8,000원

정진출판사는 좋은 책을 만들기 위해 늘 최선을 다하고 있습니다.

http://www.jeongjinpub.co.kr

급수별 완전정복 한자능력검정용 3500자

한자능력검정시험을 준비하는 사람들을 위한 완벽 대비서!

- 8급에서 1급까지의 각 고유한자를 단계적으로 학습할 수 있도록 급수별로 정리한 후 각 한자에 대한 음훈, 부수, 총획수, 필순, 활용어 등을 한눈에 알아볼 수 있도록 구성하였다.
- 이 책에 수록된 한자어는 출제 빈도수 36회의 兄弟를 비롯해서 2회인 人口와 빈도 1회 및 출제 예상되는 한자어 등 모두 10,000여 단어가 중복 없이 해당 급수에 맞게 짜여져 있다.
- 해당 급수에 맞는 한자어를 철저히 분석하여 실었다. 예를 들어, 文房四友의 경우를 보면, 文은 7급, 房은 4급Ⅱ, 四는 8급, 友는 5급이다. 따라서 文房四友는 4급Ⅱ 이상의 급수 시험에만 나올 수 있는 성어이므로 房자의 용례에 실었다.
- 학습자의 부담을 최소화하기 위해 반드시 알아두어야 할 한자어만 싣고, 출제 빈도 2회 이상인 한자어는 색으로 구분하였다.

[편집부 편저/신국판 384면]
정가 : 9,500원

컴퓨터 분석 한자능력검정용 3500자

과거 10회에 걸쳐 실제 출제되었던 한자어와 출제 예상되는 한자어들을 컴퓨터로 철저하게 분석하여 가장 효율적이면서도 과학적으로 학습할 수 있도록 엮은 한자 정복의 결정판!

- 기출 및 출제 예상 한자어를 컴퓨터로 철저히 분석하여 빈도순에 따라 정리하였다.
- 학습자의 학습 부담을 최대한 줄여 주기 위해 빈출 한자어를 색으로 구분하였다.
- 각 한자에 대한 음훈·부수·총획수·장음·약자·필순·활용어 등을 일목요연하게 정리하였다.
- 급수 단계별로 시험에 응시할 수 있도록 해당 급수에 맞는 활용어로만 중복 없이 정리하였다.

[편집부 편저/4×6판 304면]
정가 : 7,500원

21세기 1800한자 펜글씨 교본

- 교육부 지정 기초한자 1,800자를 4자숙어와 고사성어로 엮어 가나다순으로 배열하고 각각의 음과 훈, 부수와 획수, 필순을 밝혀 그 뜻을 풀이해 주었다.
- 두 페이지마다 고사성어의 유래를 밝혀 놓았다. 이 고사성어를 재미있고 유효 적절하게 응용해 보면, 늘 화제가 풍부하며 유머러스한 생활을 즐기게 될 것이다.
- 매 페이지마다 하단에 중국의 4서인 『논어』『맹자』『대학』『중용』과 『명심보감』 등에서 좋은 문장을 골라 해설해 놓음으로써 한자 문장의 이해를 돕게 해 주었다. 그리고 더 풍부한 한자의 응용을 위해 반대·상대의 뜻을 가진 한자, 둘 이상의 음을 가진 한자, 모양이 비슷한 한자, 잘못 읽기 쉬운 한자 등을 수록해 놓았다.
- 권말에 '이력서', '자기소개서' 등 각종 서식을 실어 실생활에서 효과적으로 활용할 수 있도록 하였다.

[이상남 지음/4×6배판 176면]
정가 : 5,000원

고사성어·천자문·한글 펜글씨도 있습니다.

이야기 1편과 그림 1장으로 1800한자 끝

- 이야기를 읽기만 하면 字의 뜻이 저절로 익혀진다.
- 음을 외우면 그림과 이야기가 연상되어 한 장면의 字를 저절로 익힐 수 있다.(음과 뜻)
- 의미가 있는 철자(자소·자모)를 읽기만 하면 字를 한글처럼 저절로 쓸 수 있고 필순도 익힐 수 있다.
- 뜻이 유사한 자들을 함께 묶어 의미의 변별을 보다 명확히 할 수 있게 하고 학습의 효과를 더욱 높일 수 있게 꾸몄다.
- 이 단계가 지나면 압축자료로 된 한 장의 그림과 한 편의 이야기로 책 전체의 字를 연상하고 외울 수 있다.
- 후속 학습 시 새로 익힌 字들이 기본의 틀(부수별, 가나다순, 의미별)에 정리되어 이 책 한 권으로 한자 학습을 끝낼 수 있다.

[최재익 著/4×6배판 280면]
정가 : 10,000원

중국사로 풀어본 고사성어

이 책은 다양한 고전에 수록되어 있는 인간의 욕망과 사회의 갈등 그리고 거대한 역사의 수레바퀴를 움직이는 힘에 대해 생각해 보면서, 역사의 소용돌이 속에서 생겨난 고사성어를 살펴보고 한자(漢字)까지도 같이 익히면 더욱 좋겠다는 바람 속에 쓰여진 책이다. 이야기를 통해서 쉽게 고사성어를 습득할 수 있어, 한자를 익히는 데에 어려움을 느끼는 여러 학습자들에게 보다 효율적인 학습서라 생각된다. 또한 생활에 교훈을 주는 격언이나, 속담에 관계되는 사자성어(四字成語)들도 선정하여 실었다. 그리고 부록으로 실린 '한숨에 읽는 중국사'는 사자성어와 더불어 중국에 대한 대략의 이해를 하는 데 도움이 될 것이다.

[이수철 지음/4×6배판 184면]
정가 : 5,500원

漢字로 풀어본 수학·과학 학습용어사전

고등학교 한문교사이자 문학박사인 저자가 중·고등학생들이 수학·과학을 공부하면서 겪는 어려움을 덜어 주기 위해 펴낸 책이다.
우리 나라의 학술용어나 일상의 생활용어는 거의 대부분이 한자에서 파생되어진 것이다. 우리 국어 생활에서 한자에 대한 개념 파악과 상용한자를 제대로 알지 못한다면 우리의 국어 생활에는 막대한 지장을 초래하게 된다. 이러한 가운데 저자는 학생들이 배우고 있는 수학·과학의 용어가 80% 가까이 한자어임을 알고 놀라지 않을 수 없었다. 일선 학교에서 한자 교육은 방치되어 있고 학습 현장의 용어는 한자어로 되어 있다면 학생들의 학습에 큰 곤란이 생길 것이다. 저자는 이러한 학생들에게 학습의 도움을 주기 위해 중·고등학교 교과서에 나오는 3,000개가 넘는 수학·과학의 학술 용어를 한글, 한자와 함께 병기하고 한자의 음과 훈, 영어 표기와 함께 그 뜻을 풀이해 놓음으로써 용어 따로 외우고 뜻을 따로 외우는 단순 암기식의 공부 방법을 탈피하도록 하였다.

[박희 편저/신국판 472면]
정가 : 12,500원

정진출판사는 좋은 책을 만들기 위해 늘 최선을 다하고 있습니다.

http://www.jeongjinpub.co.kr

적중 한자능력검정시험

사단법인 한국어문회가 주관하고 한국 한자능력검정회가 시행하는 한자능력검정시험을 준비하는 사람들을 위한 완벽 대비서!

- 각 한자마다 암기도우미를 두어 어원, 연상법을 통해 쉽게 한자를 익힐 수 있다.
- 매 장마다 실전연습문제를 두어 꾸준한 반복학습을 통해 학습한 한자를 반드시 외우고 넘어갈 수 있도록 하였다.
- 시험에 반드시 필요한 필수 사자성어, 유형별 한자, 동의어, 반의어 등을 쉽게 찾고 쉽게 학습할 수 있도록 정리, 수록하였다.
- 최근의 출제경향과 가장 유사한 예상 모의고사를 수록하였다.

[5급 : 이상진·최상근 共著/국배판 152면] 정가 : 7,000원
[4급 : 이상진·최상근 共著/국배판 136면(4급Ⅱ 포함)] 정가 : 7,000원
[3급 : 이상진·최상근 共著/국배판 184면(3급Ⅱ 포함)] 정가 : 8,000원

풀어서 배우는 한자성어

- 단어 선정에 있어서 고교생이 알아야 할 필수 어휘를 중복 혹은 거의 누락 없이 엄선하여 고르게 실었다.
- 한자성어(漢字成語)를 써 가는 도중에 고사성어(故事成語)의 유래를 설명하는 쉼터를 마련하여 학습의 지루함을 덜도록 하였다.
- 각 페이지에 등장하는 한자어 중 이해를 돕기 위하여 페이지마다 한자가 만들어진 법칙 또는 규칙, 유래 등을 설명하여 한자를 학습하는 데 도움을 주도록 하였다.
- 책이 가지는 단점인 기동성이 둔한 문제를 해결하기 위하여 부록으로 휴대용 한자성어 카드를 실어 언제 어디서나 한자와 한자어를 학습하는 데 도움을 주고자 하였다.
- 더욱이 한자어의 효율적인 활용을 위해 일상생활에서 사용되는 한자어를 익히는 데서 출발하여 학문의 영역으로까지 확장함으로써 점증적인 학습 효과를 높이도록 하였다.

[Ⅰ권 : 마종필 엮음/4×6배판 216면] 정가 : 7,000원
[Ⅱ권 : 마종필 엮음/4×6배판 208면] 정가 : 7,000원

이야기 漢文 공부

- 인간 생활의 기본이 되는 성실·교육·사랑·충성(1권), 지혜·용기·우둔(2권), 효행·의리·교우·학문(3권)에 대한 선인들의 이야기를 주 내용으로 하였다.
- 우리의 전통과 동양 문화의 이해를 위하여 한문 문장의 글감을 많이 다루었으며, 또 이를 우리말로 쉽게 번역하고 풀이하였다.
- 생활 한자·한자어를 실용적으로 다루어 학습자가 실제 생활에 직접 활용할 수 있도록 하였다.
- 한자의 '부수', '자원', '반의어', '약자' 등을 종합적으로 다루어 한자·한자어 학습이 기초부터 응용까지 가능하도록 함으로써, 8~2급 한자능력검정시험에 무난히 합격할 수 있도록 하였다.
- '생각 키우기' 란을 통해 자신의 삶을 되새겨 볼 수 있도록 하였으며, 논술 학습의 기초도 다질 수 있도록 하였다.

[Ⅰ권 : 송영일 지음/4×6배판 180면] 정가 : 7,000원
[Ⅱ권 : 송영일 지음/4×6배판 180면] 정가 : 7,000원
[Ⅲ권 : 송영일 지음/4×6배판 184면] 정가 : 7,000원